暮らし上手の家探訪

Tsubottle／大坪侑史

はじめに

小さな頃から、見知らぬ土地に行く車中から町を眺めては
「ここに生まれていたら、どんな暮らしをしていたんだろう」と想像することが好きでした。
その土地に合わせた暮らしがあり、住まいがある。
もちろん実際の部屋の中までは想像することができないものの、
自分の暮らしとは違う何かがあることに心弾むワクワク感がありました。

はじめまして、お部屋写真家のTsubottle（つぼとる）です。

人の暮らしがあるお部屋を撮りはじめて約6年、今ではありがたいことに年間100軒以上の住まいに伺っています。

私にとってお部屋とは「住み手による人生の作品」です。

ふだんは表に出ないような、好きなものへの愛や情熱、几帳面さやズボラな性格など、
本当の自分がありのままに表現されていく空間だと、伺うたびに感じています。

また、そんな作品たちを写真に残し、発信することで見てくれた方が、
「自分に合った暮らしのヒントを見つけることで、よりよく生きるための第一歩になる」と考え、
住まいと暮らしの物語として毎日発信をしています。

今回の本は「家と暮らし」の本です。

私自身、47都道府県すべての住まいを巡る中で、

気候や文化、人柄を反映させたその土地ならではの暮らしを見てきました。
社会が劇的に変化した近年、家のこと、暮らす場所のことを考える人が増えています。
この本では、北海道、山形、福島、東京、滋賀、愛媛、宮崎、鹿児島（奄美大島）と日本各地を巡り、
暮らし上手な11組の家を実際に訪ねました。

それぞれの物語を通して、住まいづくりや暮らしの中で好きなものはもちろん、
最初は不便に感じるところもどう対応してきたかなどを紹介しています。
住んでいる土地や家族構成、住まいの形態が違っても、そこにはよりよい暮らしへのヒントがきっとあるはずです。
「地方に引っ越してみよう！」とか「何か新しいものを購入しよう！」とかいう話ではありません。
今の自分に合った暮らしとは何なのかを考え、実現に向けてできることに取り組んでみることで
訪れる日々の生活の充実は、家族や仕事などまわりにも影響し、
よりよく生きることへも繋がっていくのだと思っています。

年を重ねる中で、環境や趣味嗜好は変わっていくものです。
この本が、今このときはもちろん、1年後、5年後、ふとしたときに手にとって同じように
「今の自分に合った暮らしは何なのか？」を問い、
よりよい暮らしへの第一歩を踏み出す際の一助になれば幸いです。
そしてまたいつか、そんなあなたの作品と出会えることを楽しみにしています。

Tsubottle（つぼとる）／大坪　侑史

Contents

制作スタッフ
デザイン 太田玄絵
編集協力 高島直子
編集長 山口康夫
企画編集 見上 愛

1 暮らしを繋ぐ人の家

小薗家・宮崎県・4人暮らし

新たな住まいを考えはじめた頃、
選択肢の一つとしてあがったのが、夫の実家がある土地。
当時、おばあちゃんがひとりで暮らすか、
空き家になってしまうかという状況にあった家を
2世帯住宅としてリノベーションすることに。
築140年の和室や、
気に入ったユニットキッチンなどはそのままに、
憧れの薪ストーブや収納棚を新たに加え、
家と家族の時を繋いでいくように小園家の家は完成しました。

レンガの壁は、小園さん自身も一緒になって造ったもの。「自分でできることはやってみる。暮らしを通して道具や家具のメンテナンスをすることで、娘たちにもものの大切さやノウハウを繋いでいけたらと思っています」

小薗家の台所

よいと思ったものは受け継いで
今の暮らしに必要なものを足していく

「家を建てるならキッチンはアイランド型に」と考えていた小薗さんですが、夫の実家をリノベーションするとき、この「タカラスタンダード」のL型システムキッチンは、取り壊さず使おうと決めました。夫の両親の代から半世紀近く、家族の暮らしを支えてきたものですが、とてもきれいな状態だったそうです。

「長く使われてきたにも関わらず、不具合などなく、使い勝手もいいです。何より、最近のものでは見かけない色みが気に入っています」

家に友人を招いて食事をすることも多い小薗家では、だれもが使いやすいということも台所作りのポイントの一つ。「台所には家に遊びにきてくれた人にも立ってもらうので、動線や見える収納を意識しています」と話すように、よく使うものは、使う場所に近いところに置き、出し入れしやすく収納。湯呑みやお茶碗、お皿など、よく使うものをまとめて収納できるように、カウンターは手作りされたそうです。

「生活する中で必要に感じたものは、今あるものを生かして作ったり、使わなくなったものの使い方を変えてみたりと工夫しています」

湯呑みやお茶碗など、毎日使うものはカウンターにまとめて収納。「ミシン台の脚に、夫がもろぶたを被せて作ったものなんですよ」。本来の使われ方とは異なるものが思いつきで組み合わされたものですが、相性ぴったりで味わい深さを感じます。

システムキッチンはそのままに、壁に金具を打ち付けられるよう板を取り付け、収納を増やしています。調理道具には、料理上手な小薗さんのお母さんから受け継いだものもあるそうです。

右／お気に入りの鋳物が並ぶ収納棚は、壁に使ったレンガの余りと板材を使って作成。「気になること、できそうなことはまず自分の手を動かしてみる」という小薗さんのモットーから生まれた住まいともなじむ収納になっています。
上／お鍋や保存瓶など使用頻度が低い道具は、蔵で保管されていたという和だんすに収納。歴史を感じる道具の一つです。

小蘭家の和室

和室の一角に、お義父さんが生前使っていたという古机と小引出しを置き、作業スペースに。「次女が愛用していますが、最初に見たとき、使っている姿がお義父さんにそっくりで驚きました。引き継ぐだけでなくきちんと使われていて道具も喜んでいると思います」

小薗家の和室

上／長年、変わらず住まいを支え続けている大きな梁、深みのある木の色合いに家の歴史を感じます。
下／古机と小引出しは、年月を重ねたものにしかない風合いと使い勝手のよさがお気に入り。和室の雰囲気にもぴったりなじんでいます。

家族の歴史ある空間はそのままに 暮らしやすい環境に工夫する

リノベーションをする際、家族が満場一致で残そうと決めたのは、この家の中で最も長い、140年以上の時を歩んでいる和室でした。
「天井の梁や照明、壁や畳まで、どこを見ても歴史を感じる造り、そして大切に使われてきたからこその味がある雰囲気に、この空間は残して住み続けたいと思いました」

暮らしてみてはじめてわかったのが、冬場の厳しい寒さ。「昔からある和室をそのまま残したので、基礎が古くて気密性に欠けています。そのため、冬は床からひんやりとした空気が流れ込み、リノベーションしたスペースと比べると、とても寒く感じました。だから対策として、リビングの薪ストーブに加えて、畳の下には新聞を、畳の上にはラグを敷くことで改善されました」

昔からの造りは残しつつ、居心地がよくなるように手を加えることで、今の小薗家にとっても大好きな和室になりました。
「これからも家族の歴史を刻みながら、わが家の憩いの場として大切に使っていけたらと考えています」

歴史を感じる和室のスペースはそのままに、壁や使う道具は、小薗家の暮らしに合わせて手を加えられています。土壁だった部分の一面は下地材を塗り直し、雰囲気を変えて、テーブルと鏡を用意して化粧台としても使えるようにしました。

和室と広縁の間にある柱には、家族の成長の跡が刻まれています。これまでの歴史はもちろん、今後、どのように書き足されていくのかも気になります。

ラグやカーペットを敷いたことで、家族の一員である愛猫の小慎くんにとっても歩きやすい和室になっていました。

小薗家のリビング・その他

元々細かく分けられていた仕切りは外して、広々とした一つの空間になるよう間取りは変更。「家族はもちろん、人をたくさん呼んでも一緒にくつろげる空間になりました」

それぞれが居心地のよさを感じくつろげる空間をめざして

リノベーションのメインとなったリビングは、契約の関係で一時的に施工が中断したことがありました。外壁が取り払われたところにビニールシートを張り、その状態で家族がしばらく暮らしたという思い出があるそうです。

「当時はどうなることかと思いましたが、水道から水は出たし、娘たちもなんだか楽しそうにしていたので、リノベーションが終わるまでなんとか乗り切ることができました」

家族の絆を深めたリビングは、それぞれがひとりの時間を集中でき、それでいて自然と繋がるような空間をめざしたそうです。「リノベーションで、ちょっとした空間を複数設けています。娘も宿題を自室でやったり、和室やリビングの机でやったりと、その時々で居心地のよい場所を選んで使っています」

同時に、家族の顔が見えるような工夫の跡も見られます。「階段は玄関から2階に繋がっていたものをリビングから繋げることで帰宅時には必ず顔が合わせられるようにしました。仕切りも最小限に、見通しよくすることで、家にいる家族の様子もわかりやすくなりました」

上2枚／玄関の格子天井の造りは照明も含めて手を付けずそのままにしています。「立派な天井は、建物が好きな方は必ず眺めていかれます。照明も約30年前のものですが、天井と相性がよいため、そのまま活躍してもらっています」
左／約16畳あるという祖母の部屋へ続く扉も歴史を感じる色合い。「味のある壁紙で、一部修繕しようと相談したのですが、同じものが見つからず、そのままにしています」

小薗家のリビング・その他

庭には樹齢数百年の梅の木がありました。家を取り囲む自然もまた、小薗家を変わらず見守ってくれています。「広縁は景色も日当たりもよくて、猫たちはここでよくお昼寝しています」

小薗家の暮らし

生活の中で何かに取り組むことのおもしろさを娘たちにも伝えたい

市内の集合住宅から現在の家に引っ越したことで、暮らしにも変化があったという小薗さん。「住宅街とは違い、自然に囲まれた静かな環境でゆったりとした時間を過ごすことができるようになりました」。家族全員が日々、自然と触れ合いながら暮らしているそうです。

「薪ストーブの薪の準備をはじめ、犬のお店や家族の食卓に出すお米や野菜の栽培など、家族みんながそれぞれ自然の中で手を動かして、楽しむことを大切にしています」

小薗家の冬の暮らしに欠かせない薪ストーブは8年目に突入。使うほどに育ち、今では部屋全体を十分に暖められるようになったと言います。また、無農薬で育てているお米の収穫量も年々増加。日々、家族も家も田んぼも畑も成長していると話す小薗さん。

「私自身、この家ではじめて体験して知ることがたくさんありました。生活の中で何かに取り組んでみることのおもしろさ、道具や家具をメンテナンスすることで知るものの大切さ、そして暮らしのノウハウなど、娘たちに繋いでいけたらいいなと思っています」

右上／薪ストーブの着火剤集めは、庭で次女と一緒に。長女も次女も積極的に家事に参加しながら小薗さんのノウハウを引き継いでいます。
中央上／広々とした畑は暖かくなるにつれ、緑溢れる景色に変わっていくそう。自然の色合いの変化も住宅街では知り得なかったものの一つです。
左上／小薗さんが写真撮影をする際、定番のスポットとなっている玄関。長女も次女も大きくなり、家族の成長を感じる場所になっています。
右／この家に住むことを決めたとき、小薗さん夫妻が強く希望したのが薪ストーブの設置。「薪ストーブも自分で使ってみる中で、火の起こし方や調節など、やりやすい方法を覚えていきました」と小薗さん。この日は撮影のために、実際に薪ストーブの焚き方を見せてくれました。

(My favorite item)

03 鋳物

02 手びねりの湯呑み

01 実家からもらった鍋

05 ローテーブル

04 造り付けの本棚

06 ペンダンライト

01 ／小薗さんが実家から引き継いだ雪平鍋。手入れをしながら今後も大切に使い続けたい道具の一つ。
02 ／手びねりの器が好きで購入することも多いそうですが、こちらはお義母さんが作った湯呑み。大切に使っています。
03 ／料理をおいしくしてくれることはもちろん、手入れの時間も楽しい鋳物の道具。将来的には娘たちに引き継いでいく予定。
04 ／昔からあるため、少しくたびれて不具合もありますが存在感は変わらず。メンテナンスをしながらまだまだ活躍してもらいます。
05 ／おばあちゃんが使わないからと処分しようとしていたのを引き取ったもの。木の色合いが味わい深くて気に入っています。
06 ／140年にもなる梁と相性ぴったりの陶器でできた照明。年代ものとは思えないくらいどこか新しく、陶器の持つ品のよさを感じています。

(My routine)

好きな過ごし方ができた日

08:00
子どもたちと台所に立ち朝食作り
ゆっくり朝食を食べて、
食後は娘がいれたコーヒーで一息

09:00
↓
各々がそれぞれの空間で
読書や音楽を楽しむ

11:00
↓
娘たちとお昼のお弁当作り
それぞれ担当して庭でランチ

12:00以降
↓
子どもたちと雑談しながら庭仕事
一汗かいたら早くにお風呂も済ませ、
ホームシアターでのんびり
夕飯を囲み好きな音楽、香りの中就寝

(Profile)

暮らす人：めぐみさん(会社員・Instagram：@megu_2_)、
夫、長女、次女
家：築140年の2階建て一軒家(持ち家)、5LDK・277㎡

2

経塚家・福島県・6人暮らし

人が集まる家

結婚後8回目となる引っ越しは、集合住宅だと
どうしても気になってしまう生活音の問題を解決すべく、
広々とした戸建の賃貸を探しました。
部屋数も多くなり、家族がそれぞれ十分な広さの自室や
自分専用の場所を持てるようになったことで
心にゆとりができ、生活も豊かになったといいます。
お気に入りの道具は変わらず大切に使いながら
子どもの友だちや親せきが遊びにくることの多い新居は
みんなが気軽に集まれる家をめざしました。

寝室の押し入れはオープンな収納として使っています。布団は、お気に入りの一枚布をカーテンのように使って目隠し。好きなかごを押し入れの棚に並べて、日用品などを分類して収納し、取り出しやすく。

経塚家の台所

台所とLDKの四角い空間は、この家を借りる際の決め手に。柱もなく広々としたLDKは家具を配置しやすく、家族6人でいても狭く感じない理想的な空間。この物件を見つけた際は「ここしかない」と内覧をせずに直感で決めたと言います。

経塚家の台所

食器棚を二つ並べてキッチンカウンターに。作った料理を置いたり、洗い終わったお皿を拭いたりと便利です。ダイニングやリビングにいる家族を見ながら作業ができるところも気に入っています。

自分以外の人の使いやすさも考慮した台所へ

家探しの際に心ひかれたという台所の白いタイルを背に、1日のはじまりはだれよりも早く起きてお弁当作りを、夜はコンロやシンクを磨き上げ、1日を終えるという経塚さん。台所にいる時間が長い分、使いやすさを第一に考えて整えたと話します。「引っ越し後1カ月はあえてものの位置を決めず、ざっと置いた状態で暮らし、ものをどこにどうやって収納したら使いやすいかを試しながら決めていきました」

旧居で使っていた作業台（左ページ）をカウンターにする予定でしたが、ここではサイズ感や使い勝手がしっくりこず、本棚として使っていた棚を食器棚兼カウンターに。家や暮らしの変化に合わせて用途を変えられるのも、経塚さんが持つシンプルな道具の魅力です。

また今回の台所は、自分以外の人の使いやすさも考慮したと言います。「前の家でお義母さんに、もののある場所がわからないと言われたことがあって。いくら自分にとって使いやすくても、ほかの人にとってはそうとはかぎらないと知りました」。そうして自身の感覚＋αの視点で、収納を考えるようになったと言います。

上／前の家ではリビングに、その前の家では台所に置かれていた作業台。ここではまた台所に置いて、キッチン家電やツール、保存容器やお茶の道具などを収納するためのスペースとして使用。
下／暗くなった夜、ひとりでキッチンの掃除を行うにはシーリングライトでは明るすぎるため、棚の下部に小型の照明を設置。落ち着いた電球色でゆったりとした時間が過ごせるそう。

「鍋や食器など一般的なものはひと目でわかる場所に置き、調味料は、以前は壷に入れるのがおしゃれで好きだったのですが、中身がわかる瓶を使ったり、さらにラベリングもしたり。ふだん家にいない人にも使いやすい台所になるよう心がけています」

逆に使う頻度が低いものは扉の中に収納。「前はすべてオープン収納にしていましたが、ここ数年で2度も大きな地震があったので、収納への感覚も変わりました。あと、友人の家に遊びに行った際に、ふと開かれた扉収納の中がきれいだったときに、いいなと感じたりして。日々使う中で、またほかの住まいや人の知見も得ながら、いい家にしていけたらと思います」

経塚家の台所

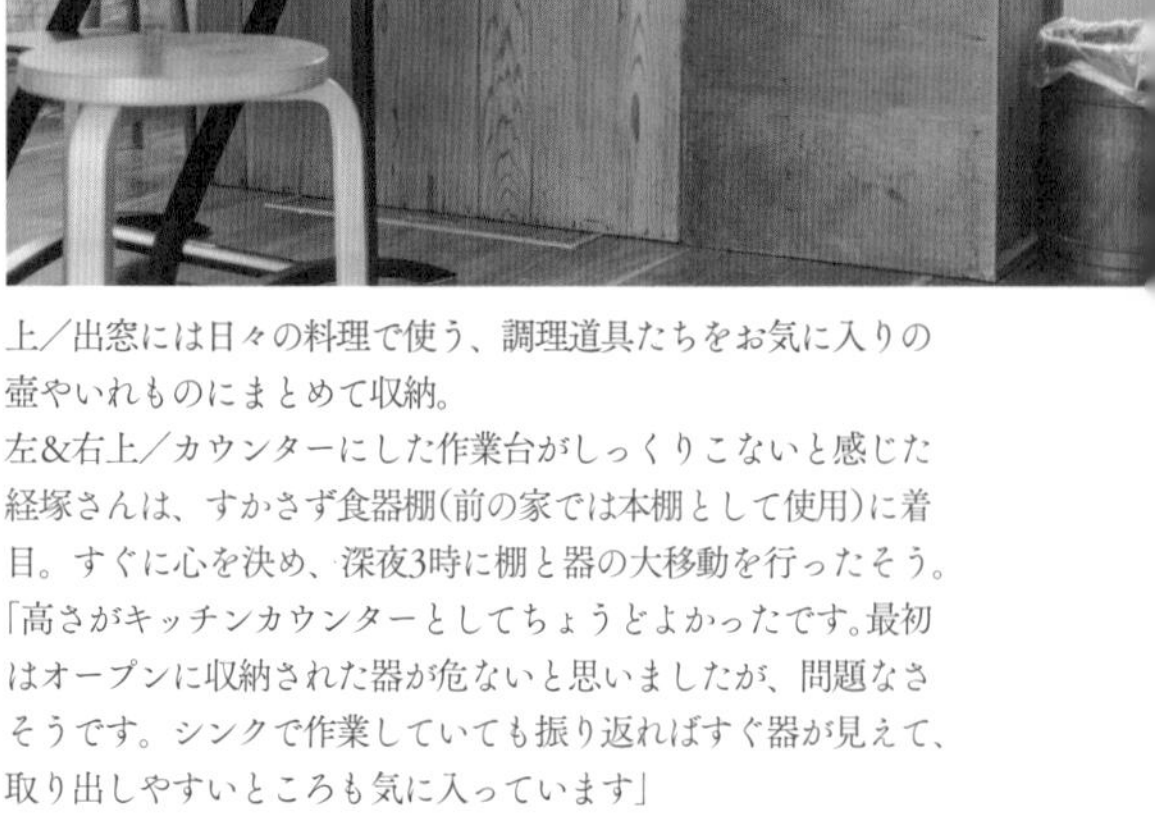

上／出窓には日々の料理で使う、調理道具たちをお気に入りの壺やいれものにまとめて収納。
左&右上／カウンターにした作業台がしっくりこないと感じた経塚さんは、すかさず食器棚（前の家では本棚として使用）に着目。すぐに心を決め、深夜3時に棚と器の大移動を行ったそう。「高さがキッチンカウンターとしてちょうどよかったです。最初はオープンに収納された器が危ないと思いましたが、問題なさそうです。シンクで作業していても振り返ればすぐ器が見えて、取り出しやすいところも気に入っています」

上&左上／コンロは今回の家の台所に合わせて購入。デザインでは別に好きなものもありましたが、魚焼き器がないと家族の食事が回らないため、白タイルとの相性もよいRinnaiのものを置きました。白は汚れが目立つ分、掃除した成果も味わえるのがいいところ。夜はきれいに磨いて1日を終えるようにしています。
右上／カウンターに置かれているのは前の家から使われているWESTSIDE33の段付き鍋、２サイズ重ねて、シルエットもかわいらしく。

経塚家のリビング・和室

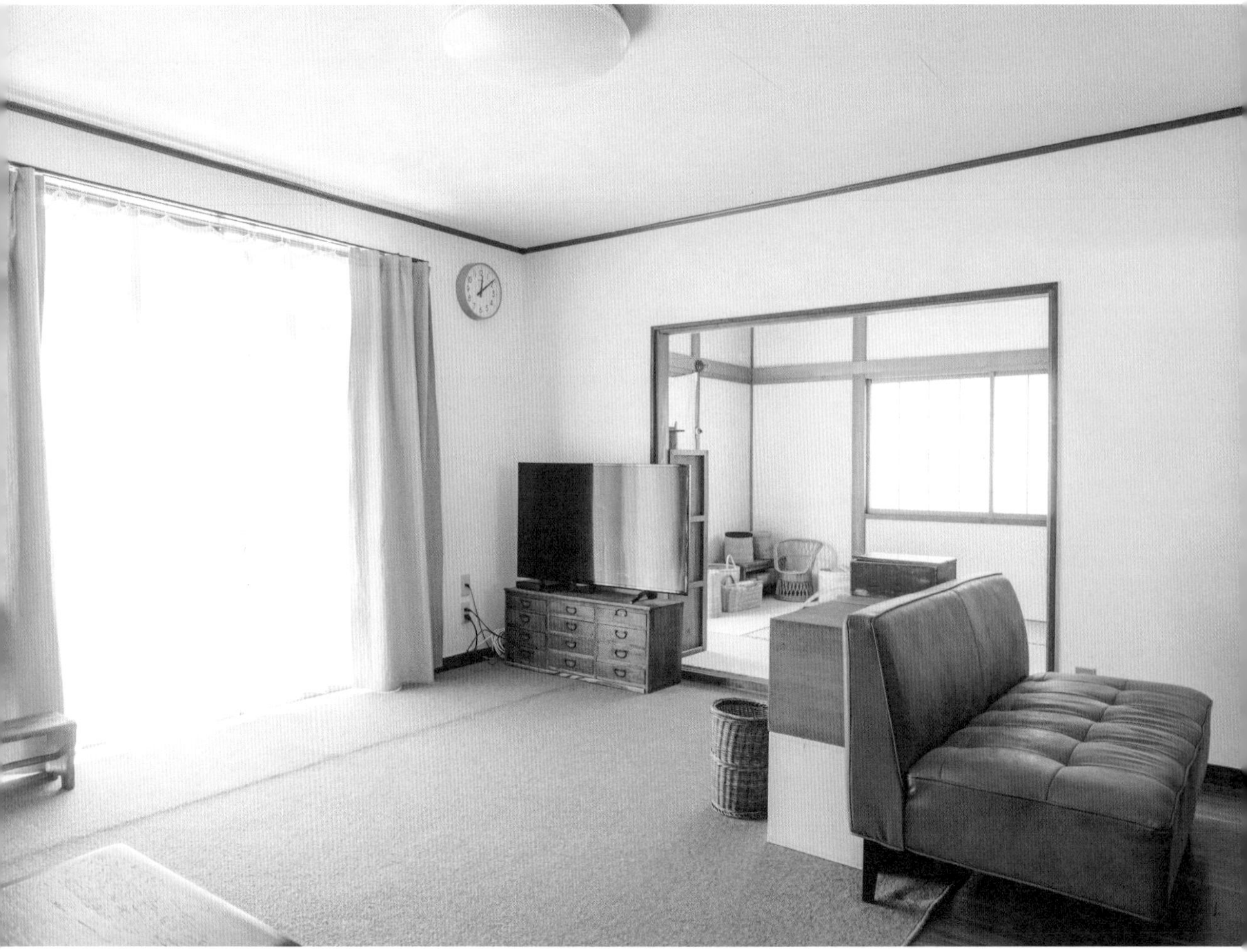

上／リビングと和室の間は襖を外して、見通しのよい一つの空間に。和室の奥にはサンルームもあり、全体的に窓も多い間取りのため、日中はとても明るいそうです。
右上／wi-fiルーターを置く場所がなく、今回の住まいで購入したヴィンテージのキャビネットを。裏面は配線用にお店の方が穴を開けてくれました。
左上／台所のみならず、使いやすい、わかりやすい収納になるように。食品のストックもかごに入れて見えやすくして、どこにあるかを説明しやすいような分類を心がけています。

「リビング横の和室にある押し入れは、夫と私、それぞれのワークスペースとして使えるようにしています。自分専用の場所ができたことが何よりうれしいですね」

気兼ねなく過ごせるようになったから人が集まる家にしたい

「この家に引っ越すことが決まったとき、ここは人が集まる家にしたいなと思いました。だから、家族も子どもの友だちも、みんなでわいわいできるような広さを保ちたいと思い、リビングにはカーペットを広めに敷いてごろごろできるようにしています」

集合住宅から戸建てに変わり、気になっていた足音問題も解消されたことで心おきなく過ごせるようになったのが、一番うれしいと言います。引っ越しをして長男や次男の学校が近くなり、部活動が終わるとそのままの流れで友だちを連れだって帰宅するため、家はよりにぎやかになりました。

「野球部の長男は、ナインの文字通り9人一緒にわが家に帰ってきます。みんなで話したり、庭で遊んだり、下の子と遊んでくれたりといつもにぎやかです。いずれはソファを置きたい気持ちもありますが、みんながのびのび過ごしている姿を見ると、窮屈にさせてしまうのも気が引けるので、子どもが家を出るまでは様子を見つつ、みんなが集まって楽しめる家にしていけたらと思っています」

経塚家の和室

和室は、三男（3歳）の遊び場でもあります。絵本や電車のレールなどおもちゃがたくさんありますが、種類ごとにかごを分けて、3歳児にも取り出しやく片付けやすい収納になっていました。

これまで自分のスペースがなく、仕事スペースが欲しかったであろう夫から「ここだけでいいからちょうだい」と言われ、押し入れに作った書斎。経塚さんも使ってみたかったというリノリウムのデスクは、PCとの相性も抜群でした。

経塚家の暮らし

引っ越しによる変化がもたらした家族それぞれの心のゆとり

長女が高校に、次男が中学に上がり、そして三男が幼稚園に入園したこの春は、経塚家にとってまたとない引っ越しのタイミングでした。

じつは2年前、夫の転勤に伴いマンションに引っ越したばかりだったのですが、足音・騒音問題が発生し、住み続けるのが困難に。「子どもの反抗期に騒音問題も重なり、さらに三男のお世話で私自身いつも手一杯で、何事にも余裕がなかった」と、当時を振り返る経塚さん。しかし、この家に引っ越してからは状況が好転。

「十分な広さの部屋を持てたことが理由なのかはわかりませんが、次男が家の手伝いや三男の面倒を見てくれるようになりました。音に対して気にせず生活できるようになり、家族みんなの心に余裕ができたように思います」

さらに、三男が幼稚園に入園したこともあり、時間に余裕ができて掃除も習慣化。「白のコンロを磨いた後に、カウンタークロスでシンクを拭き、それで床を拭いてから階段を最後に拭き掃除するという流れです。すべて終わるとホッとするとともに、夜の自分時間が近づいてきたことにワクワクします(笑)」

右上／玄関を上がりすぐのドアをあけると広がるLDK。台所は正面と上部から日が入るトップライト出窓。日中は窓からの光だけでも十分明るく過ごしやすい空間です。
左上／以前は各部屋にペンダントライトを付けていたのですが、ここでは新しくシーリングライトが取り付けられていたので、子どもの背が高くなったこともありそのまま使用。寝室はではフロアライトを使っています。

この家の収納で意外とうれしかったのが、階段下のスペース。台所やダイニングにものがあふれないよう、食品や調味料などのストックからホットプレートなどの調理器具、紙ものなどをしまい、パントリーのような使い方をしています。もちろん棚を入れたりかごを使ったり、出し入れしやすい工夫をしています。

(My favorite item)

03 吹きガラスの角キャニスター

02 大園篤史さんの器

01 マグネットナイフラック

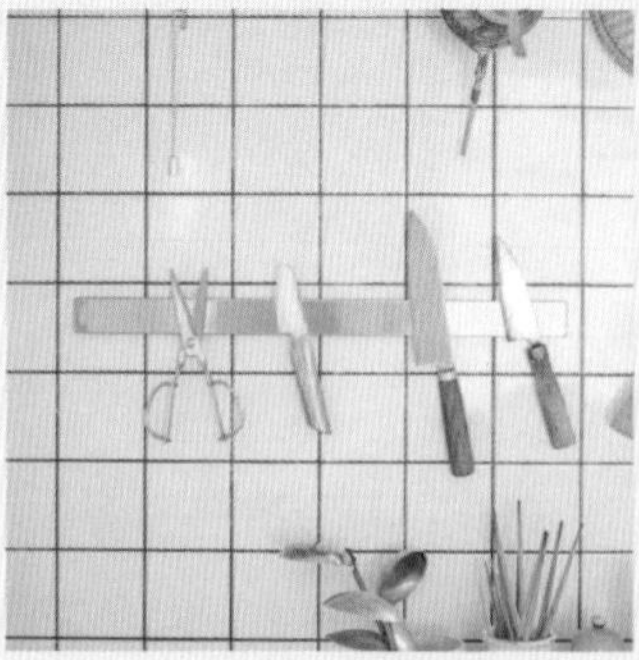

05 ヴィンテージラグ

04 ラワンシェルブズ

06 ヴィンテージライト

01 ／シンク下収納の扉が古くて開けにくいため、使ってみたいと思っていたナイフラックをタイルに取り付けました。見た目も使いやすさも◎。
02 ／使うたびにそのよさを感じ、買い足してきた器。サラダにも、パンにも、何でも合うところ、重ねて収納しやすいところも気に入っています。
03 ／掃除が習慣化され、毎日使うようになった重曹を何かお気に入りのものに入れたくて購入。大きさや開け閉めの使い勝手もいいです。
04 ／自分のスペースができたら欲しいと思っていたシェルフ。並べたり積み重ねたりして自分好みの収納棚をこれから少しずつ増やしていきたい。
05 ／小さめなので部屋のアクセントになるところ、自分のスペースに色合いがプラスされ特別な空間に感じられるところが好きです。
06 ／リビングから続く和室に設置。日中は、部屋が明るいため使う機会はありませんが、夜の落ち着いた雰囲気作りに重宝しています。

(My routine)

＼ ふだんの日 ／

05:30 ← 起床。長女の弁当作り開始

06:45 ← 自分時間。洗濯ものをたたんだり、インスタグラムの写真を撮ったり学校などの書類記入もここで

07:15 ← 長男、次男を起こして朝ごはん

08:50 ← 三男を幼稚園へ送る

09:30 ← 買いもの、掃除、洗濯、夕ごはんの仕込みなど

13:30 ← 三男のお迎え、帰宅後お昼寝

16:30 ← 夕ごはんのしたく開始

18:00 ← 長男、次男が帰宅後に夕ごはん
長女、夫も帰宅しだい、ごはんを。
その後、台所の片付け、洗いもの

21:30 ← お風呂の後に三男を寝かしつけ

22:00 ← 洗濯、台所の片付け、学校からの書類確認など

23:30 ← 就寝

(Profile)

暮らす人：加奈子さん（主婦・Instagram：@k.mif）
夫、長女、長男、次男、三男
家：築30年の2階建て一軒家（賃貸）、5LDK・135㎡

03

金子家・東京都・ふたり暮らし

まじめに遊ぶ人の家

同居をはじめたのは、夫婦それぞれにゆかりのある東京・八王子の家。間取り以外は自由に変えてもよいという条件で、知人に紹介してもらった物件です。まずは住んでみて、おたがいの暮らし方に合わせ、徐々に家をカスタマイズ。入居から3年が経った今では、古いものが好きな朋子さんと、山が好きな哲也さんの暮らしぶりを反映した、ふたりらしい家になりました。

440㎡ある庭の一角に作ったウッドデッキ。客間として使っている部屋から出入りできるので、友人を呼んでバーベキューなどを楽しむ際にも便利。別の場所には畑を作り、季節の野菜を育てています。

金子家の台所

玄関を上がり最初の扉を開けると広がる、昔ながらの台所。どっしりと大きなダイニングテーブルと、器や鍋やオブジェがいい塩梅に陳列された食器棚、にぎやかに吊るされたざるや調理道具など、朋子さんのセンスが光ります。

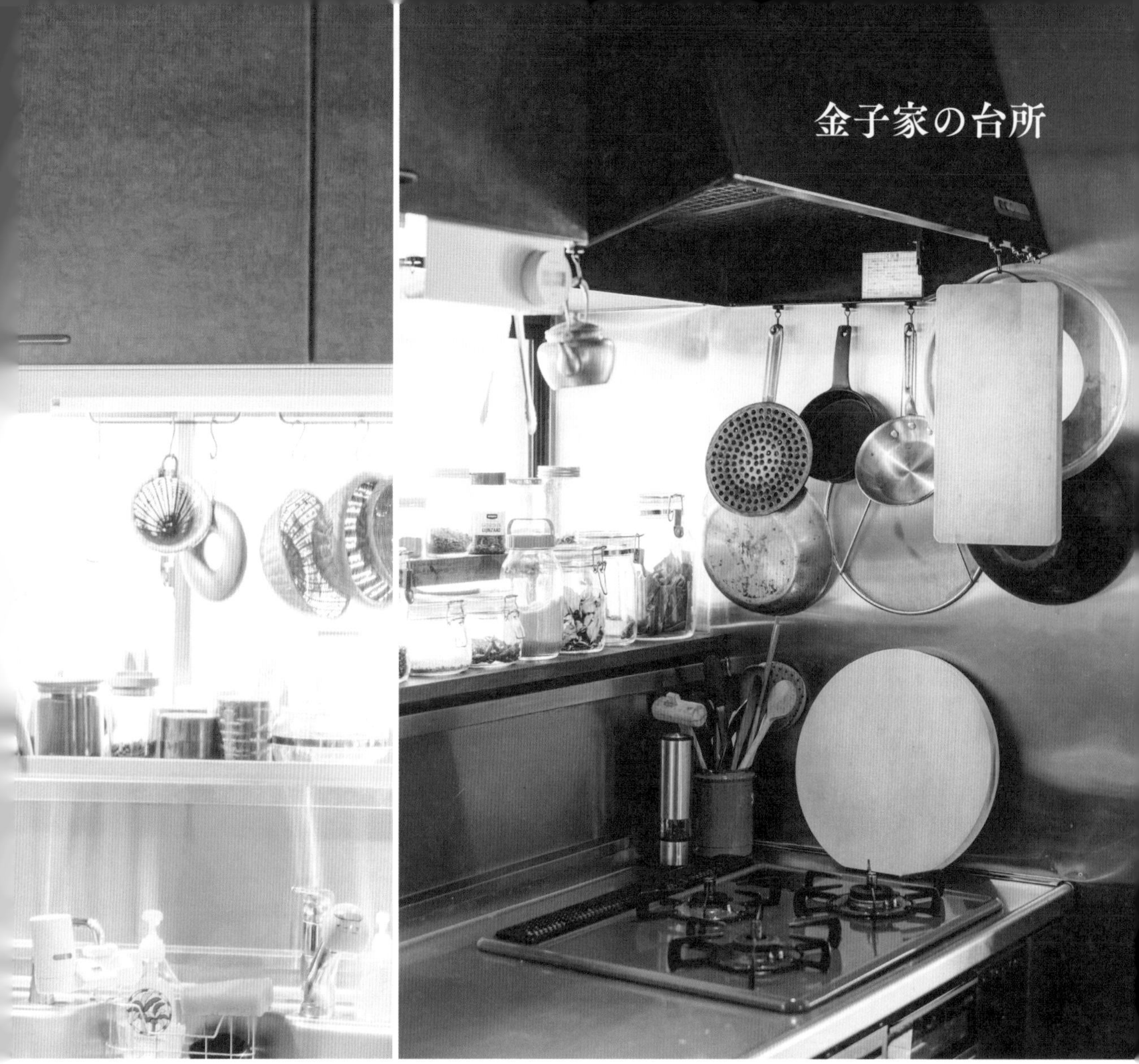

金子家の台所

台所の湿気対策には漆喰塗りと吊るし収納

山にも海にも都心にも、だいたい1時間でアクセスできる八王子。アウトドアの趣味を持つ哲也さんにはメリットが多く、朋子さんと結婚する前から、ここに暮らしていました。一方、朋子さんにとっても、八王子はなじみのある町。

「夫と出会ったころは別の場所に引っ越していましたが、大学があったので長く住んでいましたし、友人も多いです」

そんな八王子で、それぞれが悠々自適に過ごせるような広い一軒家を求め、見つかったのが築50年のこの家。間取り以外は自由に変えてOK。しかも原状回復の必要もなしという好条件は、友人の紹介だからこそ叶った物件です。

さて、入居した年の梅雨は、記録的な長雨。古い日本家屋に住んだことのないふたりを悩ませたのが、湿気でした。その対策に行ったのが、台所、リビング、玄関の壁の漆喰塗り。DIY用のできあいの漆喰もあるけど、粉のままの漆喰を買い、水を加えて混ぜ、塗ったそうです。

「大きなポリ袋に漆喰の粉と水を入れ、それを足で踏んで、練り混ぜるんです。これが大変なんですが、そのおかげで、漆喰ってなんぞやと

入居したてのころ、換気をよくしようと思って雨の日も窓を開けっぱなしにしていたら、それが逆効果に。ざるなど、たくさんの台所道具がカビてしまったそう。それからは、乾きにくいものは奥にしまい込まず、吊るし収納に。

か、なぜ日本家屋に昔から漆喰が使われてきたのかなども調べて勉強になったし、体験として残ったのがよかったです」と、哲也さん。

漆喰塗りに加え、除湿機を買って雨の日は窓を閉めるようにしたら、ものがカビることはなくなったそう。朋子さんいわく、「湿気対策もあるけど、漆喰はなにより見た目が好きです」

ダイニングテーブルを買いに行ったお店で偶然見つけた食器棚。奥行きが浅く、明るく少し赤みがかった茶の色みが気に入って購入。「器はたくさんあっても使いきれないから、この食器棚に入る分だけと決めています」

金子家の客間

客間の一面は、哲也さんの収納スペースに。陳列された山道具と床の木の風合いがマッチして、どこか山小屋のような雰囲気。哲也さんが板張りをした床は、色見本を何十色も作ってニスを調合したほど、色にこだわったそうです。

耕す人

金子家の客間

机の天板は一枚板をていねいに磨かれたもの。よいと思ったものは、それまでの用途にとらわれず、手入れして使われています。

鴨居の上に板を取り付けて文庫本置きに。隙間を有効利用したアイデア収納です。入口からは視界に入らないのもいいところ。

哲也さんの山道具置き場。床の間だったスペースに棚を作り、オープン収納にしています。手前にキャスター付きの登山靴置き場も。

哲也さんの収納スペースの向かい側には、ターンテーブルとレコードを収納。「ここはたぶん洋服だんすとかを置くスペースだったんでしょうね。ふたりともレコードが好きなので、レコード棚にしました」と朋子さん。

庭に向かって大きく取られた窓、昔ながらの縁側が心地いい部屋。襖はすべて取り払い、開放的な空間に。余計なものは置かず、すっきり整頓された空間は、なんともいえずぜいたくです。

趣味の道具やレコード収納 床の張り替えも自分たちで

広い縁側付きの12畳の居室は、朋子さんいわく「とくに目的のない部屋」。でも、友人を招く際には客間になり、哲也さんの趣味の山道具を収納するスペースでもあり、朋子さんがレコードをかけながら洗濯ものを干す空間でもあります。もともとは畳敷きでしたが、哲也さんがDIYで張り替えました。

「朝起きたら、大量の板を積んだ1トントラックが庭に入ってきて、だれ？と思ったら、夫でした。思い立ったら即行動するタイプ(笑)」

ホームセンターが開店する朝6時半に行って120本の板を購入。トラックで家まで二往復して運び、1日で張ったというから驚きです。

押し入れや床の間も、哲也さんのDIYでオープン棚に。山道具などを収納しています。

「ものの配置や収納には、おたがいこだわりがありますね。例えば私は、奥にあるものは取らない性格なので、お皿が一枚分しか入らないような、奥行きの浅い食器棚を選んで、すぐ取り出せるように収納しています。たぶんそこは夫も同じで、どういうふうに並べればザックに入れやすいかを考えて配置していると思います」

金子家の暮らし

台所の隣はリビング。各部屋にターンテーブルを置き、どこでもレコードを聴けるようにしているけど、最近はもっぱらラジカセでカセット。友人に借りて、購入するかどうか検討中だそうです。

大切なものをていねいに扱うから自然と整理整頓できている

ものの配置にもこだわりがあるふたりには、おたがいのなわばりに口は出さないというルールがあるそうです。「部屋数があるので『どこを担当する？』って(笑)、引っ越していちばん最初に部屋の担当を決めました。掃除もそれぞれが責任を持ってやっています」と、朋子さん。付かず離れずのいい距離感のようですが、たがいの暮らしぶりに影響され変わったことも。

「夫にアウトドアの遊びを教えてもらって、健康になりました。朝早く起きる習慣ができて、一緒に走りに行くようにもなりました。ランニングなんて縁のない人生だったのに(笑)」

一方、哲也さんは、「妻は大学でテキスタイルを専攻していたし、今は仕事で携わっていることもあり、生地や織物などに精通しているんです。それらを暮らしに落とし込んで、すごくていねいに暮らしているのが印象的で、機能性重視だった僕も綿とか麻の心地よさに気づきました。ただ、家にある一つ一つのものを大切に使っている点は、ふたりに共通していることですね。大切なものだから、ていねいに扱うし、自然と整理整頓できている。そこが似ています」

風の通り道になる窓を開けたいけれど、開けておくと家の中が見えてしまうので木製の目隠しをDIY。「ブラインドのような構造で、板の角度を変えれば風は通るし、ちゃんと目隠しにはなっています」と哲也さん。

キャビネットは朋子さんがひとり暮らしをしているときから愛用しているもの。レコードを始め、お気に入りの雑貨を楽しめるスペースになっています。

一番上／朋子さんの仕事部屋にある本棚は、哲也さんが作った家具第一号。
上／机は釘を使わず、ほぞ継ぎなど継手を工夫して制作しているところが、哲也さんのこだわり。
右／デザイン事務所を運営している朋子さん。そのパートナーも近所に住んでいて、実務はそれぞれ自宅の仕事場で。朋子さんが使っている机も、哲也さんのお手製。最初に作った本棚と色をそろえて作ってくれたそうです。

(My favorite item)

01 哲也さん作・スパイスラック

02 ダイニングテーブル

03 照宝のせいろ

04 竹素材のドリッパー

05 トーネットチェア

06 哲也さん作・レコード棚

01／大好きなカレー作りに必須のスパイスを置いています。保存容器を透明にすると残量がわかって便利。

02／仁平古家具店で購入。作業台のように広く、上に乗っても壊れない頑丈な作りなので、気軽に使えます。

03／哲也さんから誕生日プレゼントにもらったせいろは安心と信頼のヒノキ素材。

04／長野県戸隠へ直接購入しに行ったもの。ほのかに感じる竹の香りと手入れのしやすさが魅力です。

05／憧れだったチェアをオンラインで購入。1920年代のものですが、色合いも好みで大切に使っていきたいです。

06／音楽イベントでDJをすることもある哲也さんの大量のレコードをまとめて。

(My routine)

＼ 好きな過ごし方ができた日 ／

起きてランニング ← シャワー ← 朝ごはん ← 洗濯 ← 畑に行く ← どこかでランチ ← 庭で過ごす ← お酒を飲みながらくつろぐ ← 風呂 ← 就寝

(Profile)

暮らす人：朋子さん（グラフィックデザイナー・Instagram；@cnc_ie）、
哲也さん（医療従事者）
家：築50年の2階建て一軒家（賃貸）、92㎡（1階）+庭440㎡

夫は土間、妻はキッチン。部屋ごとに、おたがいのこだわりを尊重しつつ、わからないところは話し合って完成した住まい。だからこそ本当に好きと言える家になったそう。

1

日常を大切にする人の家

佐々木家・千葉県・ふたりと1匹暮らし

千葉県出身の健悟さんと長崎県出身の星さんは、
ふたりの仕事場に通いやすい賃貸アパートで暮らしはじめましたが、
コロナ禍で暮らしについて再度考えることに。
おたがい実家が戸建てだったこと、
星さんはお花に、健悟さんは家庭菜園に興味があることから
庭のある一軒家を考えるようになりました。
動き出すととんとん拍子に話は進み、
好きなものに囲まれた日常を大切にしたいと思える家ができました。

佐々木家の土間

玄関とリビングの間に土間を設けることが、家を考えるうえで叶えたいことの一つでした。土間とリビングの仕切りは別注。全面をガラスにしてしまうと将来的に猫や子どもが誤ってぶつかってしまうことを考慮して鏡板を挟みつつ、人の目からは抜け感のあるガラスにしたそう。

佐々木家の土間

休日は土間で朝食をとることが多いふたり。同じ食事でもダイニングで食べるのと土間で食べるのとでは気分がまったく違うのだそう。

多目的に使える土間は住まいと暮らしの余白

家を考えるうえでイメージの元となったのは、いなかの農家のように広く、室内と自然が繋がっている空間。「夫婦ともに実家や親族の住まいを見てきた中で、スタイリッシュな新築のイメージはなく、玄関のドアをあけると土間が続いているような懐かしさや落ち着きのある家に憧れがありました」と、夫の健悟さん。

新築の選択肢は早々に消え、リノベーションで探す中でどうしても作りたかったのが土間だったとふたりは話します。「農家の家にあるような土間が原点です。僕は釣りを妻はお花を生けることが趣味だったので、天気を問わず趣味を楽しめるスペースでありながら、将来、暮らしが変わっても何かしらの形で使い続けられる空間が欲しいと思っていました。好みも変わることを前提に、それでも家を楽しみ続けるため、生活の余白のような位置付けで考えています」

リビングのスペースを削ってでも土間の広さを6畳分設けたいと希望したのは、健悟さん。「私はそこまで広くなくてもと思いましたが、結果的には正解でした。趣味を楽しむ空間でもあり、洗濯物を干したり猫が駆け回ったりする生

猫の日々江さんは窓辺がお気に入り。日中はお昼寝とパトロールを兼ねてこの空間にいることが多いそう。近所の方にも愛されています。

右／収納棚は床の間だった空間を利用したもの。お気に入りの民芸品や花瓶を集めて、目で見て楽しめるスペースになっています。
下／かごごとに入れるものを分けて、ざっくり収納。無理なくできる範囲で。

活空間でもあり、床がモルタルだからこそ屋外みたいにも使えるし、ラグを敷けばリビングの延長線にある空間にもなります。明確な役割が決まってないからこそ多目的に使える場になりました」

佐々木家の台所

台所は星さんがSNSで情報を集めて、イメージを固めていったお気に入りの空間。見た目と使いやすさの両方を意識して、細部にまでこだわりました。

佐々木家の台所

心地よい日の光が大きな窓から入る台所。特に冬場の午後に差し込む光がきれいでお気に入り。使いやすさを意識して、よく使うものほど取りやすい場所に置いています。

毎日使う場所だからこそ好きだと思える空間に

海外のキッチンが好きで、普段からSNSでチェックすることも多かったという星さん。台所を考えるうえでも、まずは理想のイメージを洗い出しました。

「家の中でここにいる時間が長くなるので、好きだと思える空間にしたかったんです。情報収集していく中で早い段階で決めたのが、グリーンのタイルと白い換気扇。換気扇は10年お掃除いらずのような機能性の高いものもありましたが、やっぱり見た目優先で」。設計ができてからも、タイルの範囲を広げたりスペースに合わせてカットしてもらったり、細かい部分の仕上がりも大切にしました。

こだわりの空間同様、使う道具も大切に選んでいる星さん。「食器はネットや陶器市、リサイクルショップなどで購入することが多いです。ブランドにこだわりはないですが、『好き！』と思えるものだけをお迎えしています」

好きな空間だからこそ、台所で過ごす時間が癒やしのひととき。「朝、コーヒーをいれる時間が好きです。ひとりのときはスツールに腰掛けてそのままここで食事をとることもあります」

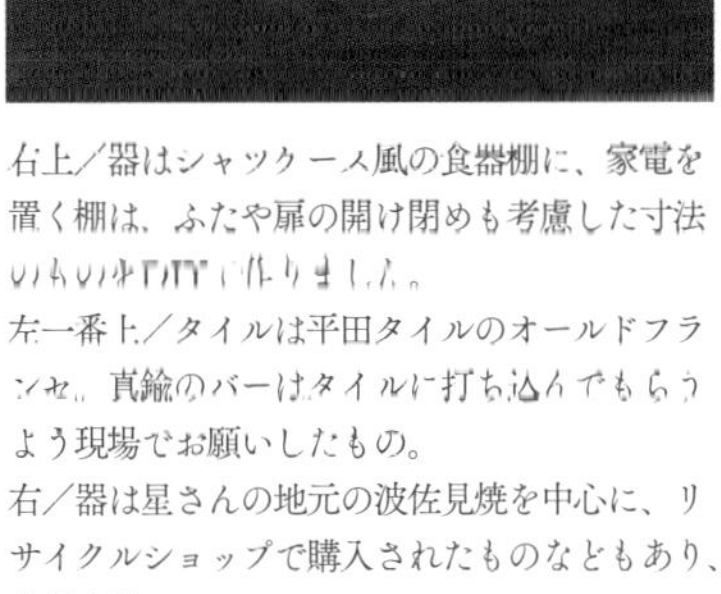

右上／器はシャックース風の食器棚に、家電を置く棚は、ふたや扉の開け閉めも考慮した寸法のものをDIYで作りました。
左一番上／タイルは平田タイルのオールドフランセ。真鍮のバーはタイルに打ち込んでもらうよう現場でお願いしたもの。
右／器は星さんの地元の波佐見焼を中心に、リサイクルショップで購入されたものなどもあり、多種多様。
上／取っ手はショールームで好みのものが見つからず、自分で探して大工さんに取り付けてもらったそう。先に完成していた真鍮のパーツとも色が合ってイメージ通りの空間に。

佐々木家の暮らし

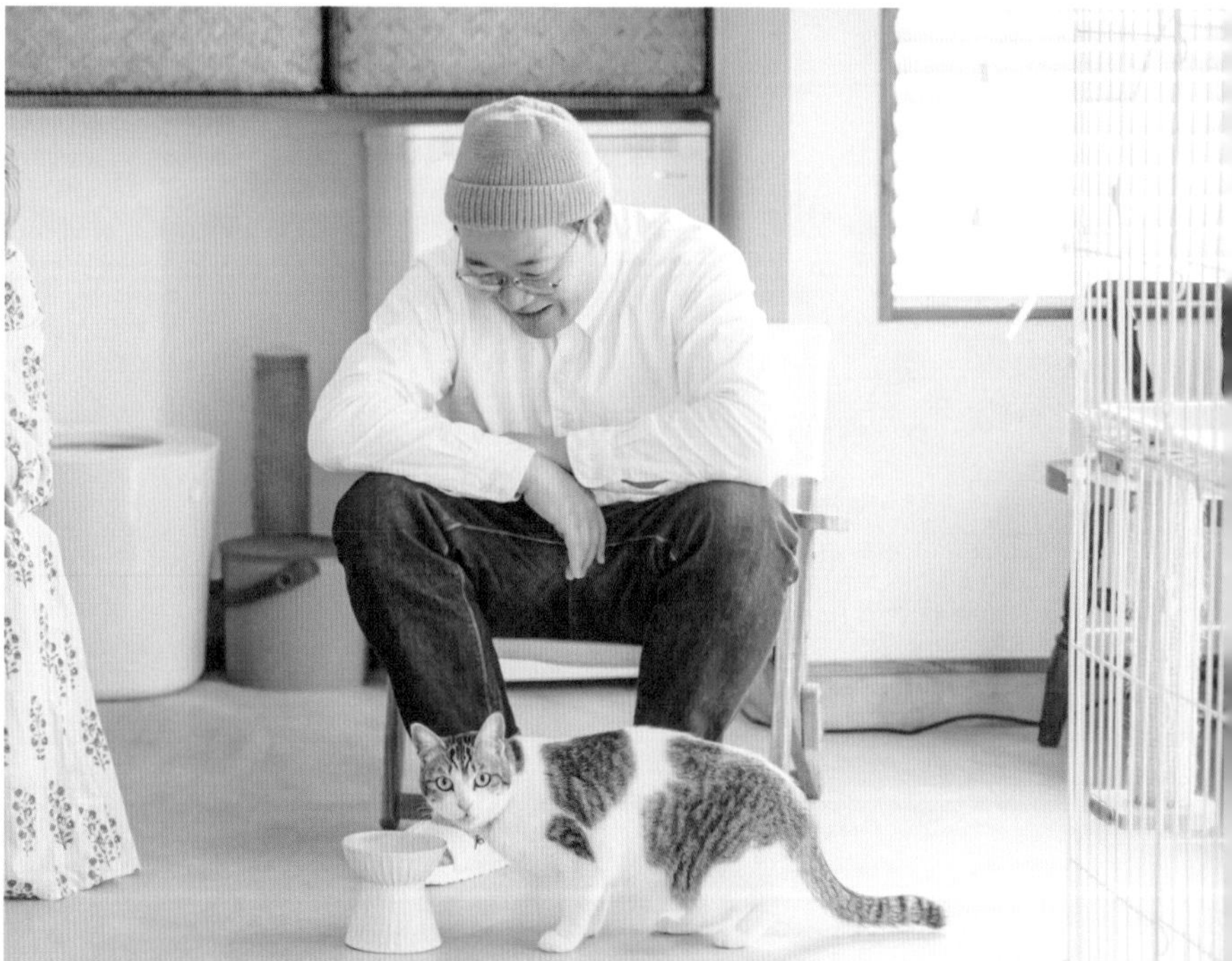

上段／ダイニングでは日記など書きものも。日記は体調管理にも役立っているそうです。
上／この家で家族の一員になった猫の日々江さん。夫婦の暮らしはもちろん住まいも、猫に合わせて変わったそうです。
中段左／保護猫である日々江さんが庭へ飛び出して行かないよう、DIYで作った窓柵を設置。
左／キャットウォークは部屋の色に合わせ白く塗装。「猫グッズ感」がなくなり空間になじんでいます。

無理せず家族が日々を安心して暮らせるように

日々の生活を送るうえで、夫婦のテーマは「安心して暮らすこと」。あるときふたりで話し合ったら、そこに落ち着いたのだと話す星さん。「家族といえども言葉にしないと気持ちは伝わらない。察するだけのコミュニケーションは、おたがいを不安にさせるだけなので、言語化して明確にするようにしています」。そこで役立つのが、前述のテーマ「安心して暮らすこと」。この目的が合致しているから話し合いの軸がブレにくく、相手に譲ることもしやすくなるそうです。

そして、もう一つ大切にしているのが、無理をしないこと。「生活すべてに言えることですが、背伸びしないで自分がいいと思ったものを取り入れたり、できる範囲でしくみを整えたりしています」。自分たちでできることとできないこと、またおたがいの得意不得意を整理して考えているという星さん。「家事は積極的に家電に頼ったり、シワになっても問題ない洗濯ものはたたまず収納できる場所を作ったり、器は電子レンジや食洗機に入れてもいいものを選んだり。気持ち的にも、予算的にも身の丈にあった暮らしをすれば、心おだやかに過ごせるのだと思います」

洗面所は古きよき、銭湯のような落ち着く空間を意識したそうです。洗濯ものや洗剤などの日用品は無印良品のステンレスラックやボックスを活用して整理。化粧品は古道具の棚も使いながら見せる収納で、使い勝手もよさそうです。

(My favorite item)

01 カリタの電動ミル

02 炊飯窯

03 水切りざる

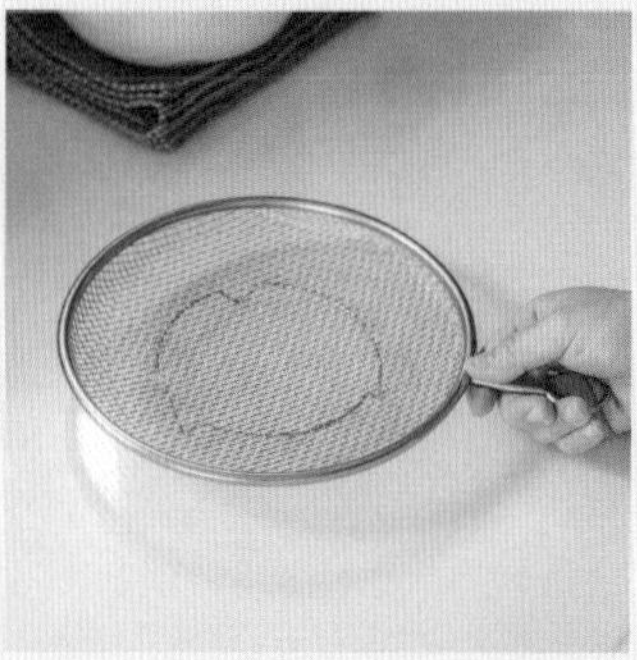

04 ネストテーブル

05 チェア

06 花瓶

01／狭いキッチンに置けて、お手頃で機能面もしっかりしたものが欲しくて探したもの。コンパクトでレトロなデザインと臼式で均一に豆をひける点がお気に入り。

02／ガス火で炊飯からおひつの役割まで担ってくれるすぐれもの。「時間が経っても炊き立てのようにおいしい」と健悟さんからも好評。

03／星さんが友達から誕生日にもらったもの。麺の湯切りができて、脚が付いているため衛生的で、吊るして収納可能。とにかく使い勝手がいいそう。

04／100年以上前に作られたアンティーク家具。サイドテーブルとして、ディスプレイスペースとしてと万能で、収納したときに連なる猫脚もポイント。

05／新しいもの、古いもの、国籍問わずお気に入りを集めています。g-planのチェア(写真左)は、色合いも座り心地もよくてお気に入り。座り心地が違うため、そのときの気分で選べるのもよいところ。

06／猫を飼う前までは生花を飾るために集めていたもの。お花を飾る頻度は低くなりましたが、置いているだけでもオブジェ的に楽しめます。

(My routine)

\ 好きな過ごし方ができた日 /

起床
↓
土間でコーヒー&ホットサンドの朝食
↓
庭、野菜の手入れ
↓
家で軽く昼食
↓
猫とお昼寝
↓
産直へ買い物
↓
産直で買った野菜で夕食
↓
ふたりでゲーム
↓
就寝

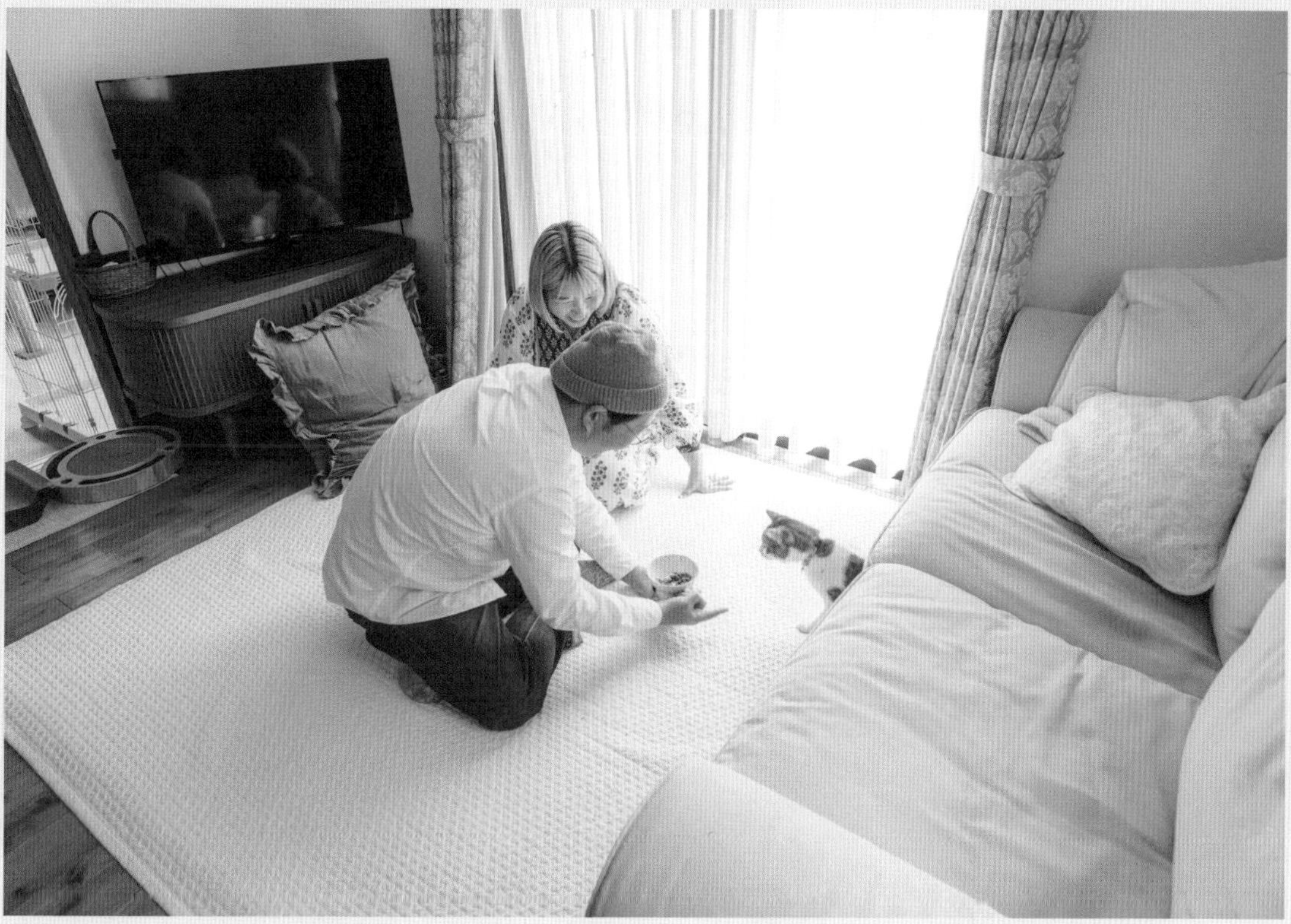

(Profile)

暮らす人：星さん(主婦・Instagram：@knkr_____ouchi)、健悟さん(会社員)、日々江さん(猫)
家：築24年の2階建て一軒家、3LDK・101.43㎡

部屋数が多いうえに広い庭付き。「南向きの縁側は日当たりがよく、緑が広がる景色は最高に気持ちがいいです」と末永さん。のれんのように布を垂らして仕切りにするなど、開放感を楽しんでいます。

5

今あるものを生かす人の家

末永家・宮崎県・4人暮らし

3人の子どもたちとのびのび暮らしたいと探して見つかったのが風情を感じる戸建ての平屋。これまでも住まいのテイストに合わせたＤＩＹで家のよさを引き出しつつ、自分好みの空間を作ってきた末永さん。今あるものを生かして、試行錯誤しながら理想の暮らしをめざしていく。子どもたちに伝えたい思いが詰まった家になりました。

上／好みの道具を集めていたら、すっかり和の要素が強くなった床の間。藁細工は宮崎で作られたもの。一年中飾って、自然な緑色から稲藁色に変化していくのが楽しいそうです。左／和室と洋室の間の壁には、模様入りの壁紙を貼りました。一面だけでも変えると、部屋のちょっとしたアクセントになり、雰囲気が変わります。

末永家の和室

右奥／押し入れは、半分は寝具を入れて布で目隠し、半分は押し入れデスクに。「子どもが起きているときは勉強スペースの一つとして、子どもが寝た後は、私が宿題のチェックをする場になっています」
右上／引っ越す前は日当たりが悪く全然育たなかった植物。今回の家では改善されたためいろいろと育てているそうです。
右／リビングで使っていたヴィンテージラグを最近では、和室で使用。色が加わり空間の印象も変わります。

右／二間続きの和室。襖を外して広々とした空間になり、子どもたちが騒いでも気になりません。「床の間や欄間も風情があって気に入っています」
上／広縁も家族の居場所の一つ。宿題をしたりDIYをしたりのんびりしたり、いろんな用途で使えます。

仕切りを外して昼は遊び場
夜は寝室になる和室

　末永家の和室は、襖を外して広く使うことで、遊び盛りの3人の子どもたちがのびのびと過ごせるようになりました。「特に、住みはじめた頃はまだ赤ちゃんだった末っ子がハイハイして歩き回っても安全に過ごせる場があるのはすごく助かりました。子どもたちが遊びはじめたら、すぐに和室へ促して、家全体が散らからないようにしています」

　日中は遊び場、夜は寝室として使うため、押し入れには家族の布団をまとめて収納しています。「押し入れは、襖を外してものの出し入れをしやすくするとともに、半分は布を垂らして寝具が表に見えないようにしています。残り半分は押し入れデスクとして使っています」

　一方、対面にある床の間は、まだまだ検討中の空間。「床板には頂きもののきれいな桐のたんすを、違い棚には昔、祖母が使っていた小引き出しを引き継いで置いていますが、中身はほぼ空っぽで何を入れるか決めていません。置いているものは好みのものばかりですが、使い方は子どもの成長と合わせて変わっていくのかなと思います」

末永家の子ども部屋

片付け習慣が身につくような子ども部屋をめざしたそうです。「机も置きましたが、勉強できるスペースが各所にあるため、子どもたちは気分に合わせて勉強場所を変えています」

右奥上／ボックスは手前と奥に設置。オンシーズンものを手前に、オフシーズンものを奥のボックスに収納し、前後を入れ替えることで衣替えを簡単に。
右奥下／小さな子どもの衣類はハンガーラックにキャスターを付けて取り出しやすくしています。
右／衣類収納は一カ所にまとめて、扉は外して取り出しやすいようにしました。家族の身じたくはここで完結できるようにしています。

剥がれやすい砂壁対策も兼ね、部屋の一角の壁に有孔ボードを貼り、壁面収納に。お店のようなディスプレイが子どもの気分を上げてくれそうです。引き出し式で出し入れしやすい収納ケースは、Like-itのもの。

上／保護者用の紙ものはスキャンしてアプリで保存。プリントがボックスいっぱいに溜まらないように気をつけています。
下／子どもにはひとりにつき一つずつ自由に収納してよいカートを用意。出したものは、寝る前には片付けるよう習慣づけています。

子どもたちが自分で片付けられる仕組みを試行錯誤

小・中学校に通う兄ふたりと4歳の妹の3人の子を持つ末永さん。「自分で片付けできる仕組み作り」を日々考え、試行錯誤しながら子どもたちに働きかけています。「まずは自分でできる環境に整えることが大切で、着替えや照明のオンオフなど、自分でやって欲しいことは、それができる環境にします」。衣類収納は背丈に合わせて道具を選び、電気のスイッチがない部分にはドローアラインに照明を付け、スイッチの高さを低くして、子どもの手が届くようにしました。

「次は、出したり戻したりが苦にならないようにします。例えば収納ボックスは3つ同じものを並べて、3人それぞれが自分のボックスに片付けるように。場所を明確にしています。場所だけ守れば入れ方はざっくりでもOKです」

最後は習慣化。1日の終わりには部屋をきれいな状態にリセットすることを家族で取り組み、継続しています。「今は、一つの部屋で整理整頓してもらっていますが、子ども3人、それぞれの成長に伴って、暮らしも収納も変わっていくと思います。家族みんなが心地よい暮らしができるように、日々変化を重ねていきたいですね」

末永家の暮らし

ワークスペースでもある台所は窓が多く天窓もあり、明るいのがうれしいところ。「とにかく忙しい子育て期なので、私がダウンしないように食事をはじめ、健康的な生活を日々心がけています」

末永家の暮らし

左／持っていた古家具の色合いに合わせて作ったキッチンカウンター。子どもがお手伝いしやすいよう、手の届きやすい高さに収納を設けました。
下／台所は窓枠に合わせて収納を制作。よく使う調理器具や調味料が手に取りやすいように。日当たりがよく植物はここでもよく育っていました。
左下／食器棚に並べられたお気に入りの器。安全面を考慮して、小さな子どもの手が届かない位置に陳列。

今あるものを生かす 子どもたちに伝えていきたい暮らし

「賃貸で、古い家を新築のようにするには無理がある」。これまで3軒の家をDIYしてきた末永さんの感想です。

「3軒の家それぞれテイストが違っていて、それぞれの家のよさを引き出しつつ、自分の好みのインテリアに近づけるにはどうしたらいいか、いつも考えてきました。ヨーロッパのアンティークや北欧のカラフルな感じも興味があるのですが、この住まいの和の雰囲気にはやっぱり合わないと思い、そこはぐっと我慢。この家がより輝く方向で考えるようにしています」

子ども3人ともDIYにも関心を持ち、床を張ったり、電動ドリルを使ったり、作業のお手伝いには積極的に参加してくれているそうです。そんな子どもたちに、一緒に作業していく中で伝えていきたいことがあるそうです。

「ピカピカのきれいな家や新しいものがすべてではないし、工夫次第でなんとでもなること。まずはやってみて、失敗してもやり直しはきくということ。どこにいても自分の五感を信じ、好きな暮らしを諦める必要はないということを子どもたちに伝えたいです」

右上1・2枚目／小さいものも合わせると20枚以上ある襖。光を通さず空間を暗くしてしまうため、みんなが集まる場所は外し、DIYで自作の扉に変更。上半分の窓は開けられるので、見通しがよくなりました。
右上3・4枚目／玄関には木箱を使ったディスプレイを用意。飾るものを変えれば玄関の印象も変わります。窓には格子の木枠を付けて、和の住まいになじむ、見栄えのよい場所になりました。
左上1枚目／ダイニングのデッドスペースには机を置いて、作業やちょっとした休憩のできる空間に。
左上2枚目／洗面所はこの家で最初にDIYした空間。備え付けの洗面台収納を外して、ミラーも収納も使いやすいよう変えました。

(My favorite item)

01 地元の作家さんの器たち

02 発酵食品

01／作家さんは実際に会って人柄も好きな方々ばかり。ていねいな仕事に刺激をもらったり、癒やされたり、励まされたりしながら使っています。

02／健康的な生活を送るため、甘酒や塩麹などを自分で作り、意識的に発酵食品をとるようにしています。

03／東屋の銅之薬缶で毎朝お湯を沸かして白湯を飲みます。銅のものが好きで、毎朝触れるたびに癒やされています。

04／アンティークの木製アイロン台に憧れていましたがいいものに出合えず自作。机としてディスプレイ台としてフレキシブルに使用。

05／古く、傷んでいたロッキングチェアを友人から譲り受け、自分で修繕しました。歴史を感じながら、家族で揺られています。

03 薬缶

04 自作のアイロン台

05 ロッキングチェア

(My routine)

＼ ふだんの日の過ごし方 ／

06:00 ← 起床。お湯を沸かして白湯を飲み、ストレッチ続けて自家製の甘酒をゆっくり飲んでから朝食

07:30 ← 長男・次男登校

09:00 ← 娘登園

09:30 ← 在宅で仕事開始

12:30 ← 昼食準備（夕食の下ごしらえや作り置きなどもまとめて調理）と昼食

13:00 ← 午後の仕事開始

16:30 ← 次男の宿題やプリントチェック

17:00 ← 娘のお迎え

18:00 ← 夕食準備〜夕食

19:00 ← 皆で片付け

20:00 ← 子どもたちとの時間

21:00 ← 子ども就寝、私は少し仕事

22:00 ← 就寝

(Profile)

暮らす人：沙織さん（フリーランス・Instagram：@sacha_sng_laboratory）、
長男、次男、長女
家：築37年の一軒家（賃貸）、4DK・113㎡

建て替え前の住まいで老朽化とともに気になっていたのが無駄な動線。家族ぐるみで付き合いのあった島の工務店「福還舎」の福田さんにお願いし、現在の生活スタイルと子どもたちが巣立った後の理想の暮らしを伝え、使いやすく過ごしやすく無駄のない住まいを考えました。

6
都心から島へ移住を決めた人の家

盛家・鹿児島県・5人と1匹暮らし

義父の故郷、奄美大島への移住を決めた盛家。
親せきが見つけてくれた最初の家にも、
島での生活にも慣れた頃、
念願だった平屋の家づくりをスタートさせました。
古くて味のあるものが好きな盛さんの
お気に入りの古道具と
家族が世界中を旅したときのおみやげが
新しい家になじみ、同じ時を刻んでいます。

盛家の土間

土間からキッチンへは引き戸を隔てて、直接アクセス可能。間にはパントリーがあり、買いもの帰りもそのまま日用品を収納できます。

玄関から入ってすぐの土間はアクセサリー作家として活動する盛さんのアトリエでもあります。デスクまわりには制作の材料をはじめ、これまで集めてきたお気に入りの古道具などが並びます。

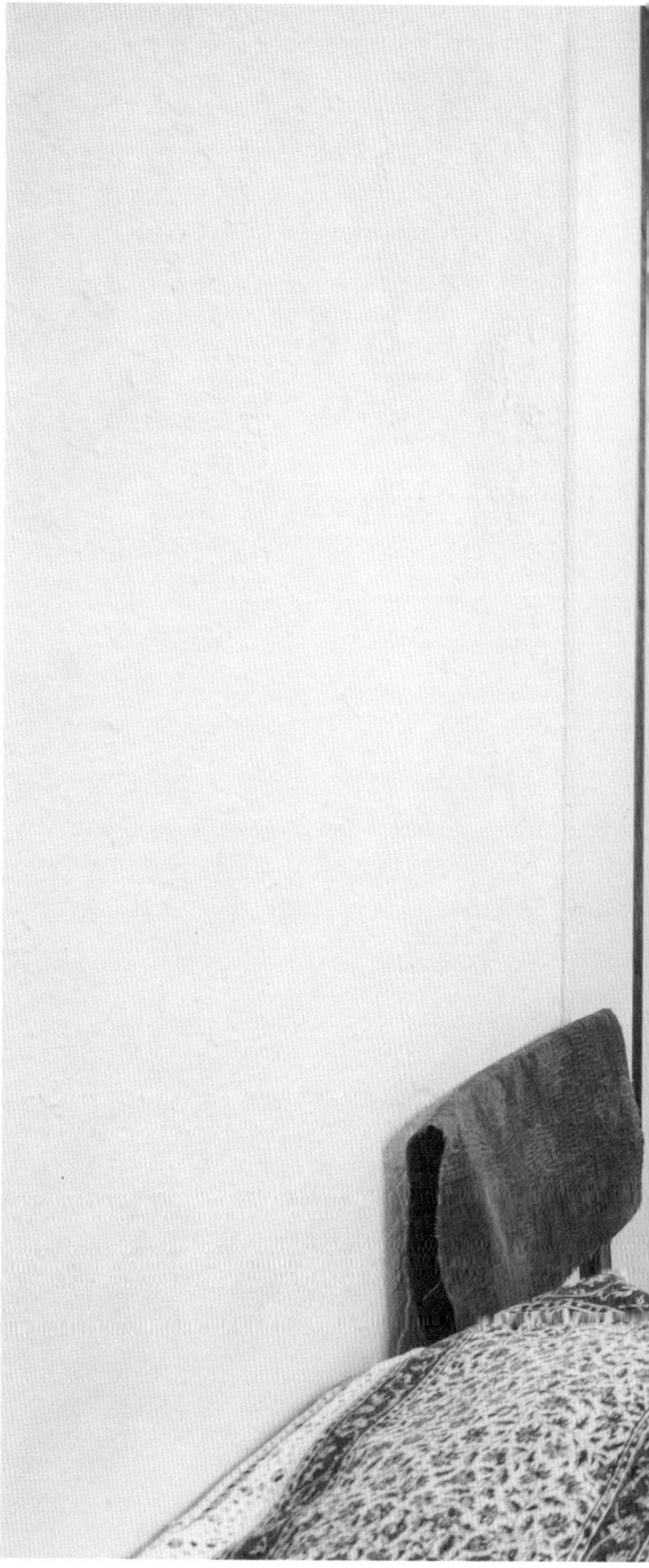

右上／完成したアクセサリーは土間のディスプレイスペースに並べられています。家に訪れた人がすぐに見られるようになっています。
左上／デスクまわりには、盛さんのお父さんが集めたという雑貨も飾られています。
上／アンティークや古道具が好きな盛さんですが、「リビングは家族のメインの共同スペースなので、わたしの趣味だけで固めず、生活の中で様子と配分を見ながら（笑）、少しずつ増やして変化をつけていきたいです」

盛家の土間

玄関のドアを開けるとすぐそこが来客スペース。将来的には、仕事場としてだけではなく、友人や近所の方が集ってお茶ができる場所の一つになれたら理想的なのだそう。

だれもが気兼ねなく立ち寄れて一緒にお茶を飲める空間に

アクセサリーの制作と販売を自宅で行っている盛さん。前の家では家庭のことと仕事が混在し、不便に感じることがありました。

「配送会社の人や直接商品を引き取りにこられたお客さまが見えたとき、前の家は玄関が手狭で、子どものものも混在していたので対応しづらくて、そこが難点でした」

家の中に招くほどでもないし、それに子どもが散らかした後などいつでも家の中に案内できるわけではありません。新居ではそうしたケースに対応できるよう、靴のまま案内できる場所が欲しくて、家族ぐるみで付き合いのあった工務店の福田さんに相談。そうしてでき上がったのがこの土間です。

「土間で私は制作をし、だれかが訪ねてきたらすっと入ってこられて、気兼ねなくお茶も一緒に飲めるような空間になりました。土間から台所やお手洗いに直接アクセスできるところも便利で気に入っています」

土間のスペースを広めにとることで、奄美大島の気候に合わせた暮らしにも対応。「台風が多いため、自転車や庭に出しているものを家に避難させるのに土間が活躍してくれます」

窓のフレームは島在住のアイアン作家さんが製作してくれました。窓の外には奄美大島の美しい緑が広がっています。

盛家の台所

リビングとあえて分けた台所は管理しやすくオープン収納に

住まい作りの中で盛さんからの数少ないオーダーの一つが、リビングとキッチンダイニングを分けること。「フリーに使えるリビングと食事をする空間は分けたくてお願いをしました」。リビングで映画を見るときなどはそこで食事をとることもありますが、子どもたちが散らかしたり家族がリラックスするリビングと、基本的に食事をする空間は分けたかったそうです。

収納は見える収納にこだわりました。「隠すスペースを作ってしまうと管理が難しいので、業務用キッチンを入れてもらい、シンク下もオープンに。将来的に家族が減ることを考え、数多く持っていた器も本当に好きなものだけに減らし、食器棚に入る分だけにしています」

オープンな収納になった分、難しくなったものの仕分けは、かごやお気に入りの瓶などを使用。「お菓子作りのもの、お茶関係、水筒などの容器…と、使う場所とシーンを考えて取り出しやすくレイアウトしています。ただ収納に関してはまだまだ試行錯誤の途中で、今はしっくりきていますが、今後暮らしに合わせてよりよい方法を考えていけたらと思っています」

飾り棚を除き、吊るす収納や棚はなく、ワークトップに置ける範囲のみに。掃除の手間を考えて設けませんでした。

台所の脇には飾り棚を設置。ディスプレイを少し変えるだけでも、空間の印象が変わるそう。

パッケージが気になる食料品は、かごに布を被せて見えないように。ざっくり収納でも散らかって見えません。

瓶は、昔から愛用しているものも。透明なガラスを使えば、中身が見えるため消耗品などの管理にも便利。

設計当初はシステムキッチンを予定していた盛さん。ある日の朝、掃除しながらこの先の暮らしを考えたとき、一緒に暮らす家族と使う食器が減ったなら食洗機は必要ないのではという考えになり、その場で業務用に変更したいと伝えたそう。

左上／水屋は、仮住まい時に上段だけ購入し、引っ越しの際に器を整理する中で、器はここに入る分だけと決めて、下段を追加で購入されたそう。

左／調理家電や盛さんの本などが収納された棚は福田さんが作ったもの。アンティーク風の塗装と収納するものに合わせて棚板の位置が変えられるようになっています。

盛家のインテリア

広々とした空間で映画を見たいという夫の希望をかなえたリビング。キッチンとの間に仕切りはなく、キッチンで作業する盛さんからは、子どもたちの様子を見ることができます。

家族の思い出も引き継いで 古いものがなじんでいく家に

家は新しくなりましたが、盛さんの古いもの好きは変わらず。家の随所で存在感を示しています。その多くは、古いもの好きのルーツとも言える盛さんの家族が集められた骨董品でした。

「私の父は私が小さな頃から家族旅行とは別に毎年海外へひとり旅をするような人でした。物心ついたときにはそれが当たり前で家族も止めることはありませんでした。行き先も中東が好きで、今では行けないような危険なエリアにも訪れていました」

そんなお父さんが旅行のたびに買って帰ってきたのが、各地の雑貨や道具。「私が奄美大島に移住してからは、帰省したときに気に入ったものをもらったり、逆に奄美大島にきてくれた際にプレゼントしてくれたりと少しずつ引き継ぎながら今にいたります。本当にマメな人で、道具や雑貨の裏や底には手にした年や場所が記されていて、実家にはまだまだ思い出の品があって、そのままになっているので、少しずつこの家に持ってこられたらと思っています。新しいものと古いもののどちらもなじんで、落ち着く空間になっていくのが楽しみです」

右上／リビングの脇には思い出のスペースが設けられていました。思い出の品と花に囲まれて、盛さん家族を見守ってくれています。

右／部屋中を風が抜けるよう設計されている住まいで、動線には極力仕切りを設けず、子ども部屋の境界線になっているカーテンは島の風を受けてゆったり揺れていました。

左上段／インド旅行の際に持って帰ってきたという小瓶。30年以上前のものにも関わらずきれいな状態で保管されていたそう。

左中段／お父さんが1968年、はじめての海外旅行で訪れたモスクワで購入したお皿。今はキャンドルテーブルとして使われています。

左下段／猫のハービーは人見知り。撮影中、こっそり散歩の一コマ。

(My favorite item)

01 特別支援学校のバザーで購入した器

02 祖父母から譲り受けたお皿

03 ソファ

04 照明

01 ／学生さんたちが手作りした器に一目惚れして購入。作家さん、有名なブランドなどにあまりこだわりがなく、自分の琴線に触れたものを大切にしているそう。
02 ／たくさんあった器のうちからデザインやガラスの風合いが気に入ったものを譲り受けて使っています。
03 ／新居に合わせて購入したアクメ ファニチャーのソファ。家族みんなで寛げるよう3人掛けのものを選びましたが、サイズが大きい分、島へ輸送してもらうのが一苦労でした。
04 ／アンティーク照明をオークションで探していた際に見つけた天然木の照明。最初はリビングもアンティークで考えていたのですが、あちこちあるとくどすぎるし、ほどよい主張がよいかなという考えが福田さんと一致しました。

(My routine)

\ いつもの日の過ごし方 /

5時台
起床、子どもたちの準備
簡単な自分の身じたく
↓
7時台
家事スタート
休憩がてらゆっくり
コーヒーを飲む
↓
10時台
作業スタート
↓
16時台
末っ子より帰宅
一緒に過ごす
↓
22時〜
照明を落とし、
雑誌を読んだり映画を観たり
インスタグラムを見たり、
お茶を飲んだり…
リラックスタイム

(Profile)

暮らす人：亜紀子さん（アクセサリー作家・Instagram：@acco_suzie）、
夫、子ども3人
家：築半年の一軒家、4DK・115㎡

広々とした和室は、それぞれ作業スペースを持つ夫婦が顔を合わせる団らんの空間。家具は、古い家が持つ味わいに合わせて、手作りしています。

7

藤巻家・滋賀県・ふたり暮らし

創作する人の家

アトリエが欲しい佐有梨さん、
ガレージとDIYスペースが欲しい航平さん。
ふたりの希望を叶えてくれたのは、
部屋数が多く、広々とした屋上に鯉が泳ぐ庭まで付いた
理想的な物件でした。
心おきなく制作に集中できるアトリエをはじめ
キッチン収納やリビングの家具など住まいのほとんどを
築50年の家の雰囲気に合わせ手作りしています。

藤巻家のアトリエ

アトリエは、PC作業のスペースと作品制作のスペースが分かれた広々とした空間。デスクは航平さんが制作。「大きな一枚板なので作業域が広くなりました。収納もしやすく、使いやすいです」と佐有梨さん。

EPSON
703
703

藤巻家のアトリエ

アトリエは三方に窓があり、1日中明るい空間になっています。「窓からの景色も開けていて、いつも気持ちよく作業できています」

資料や画材はりんご箱を使って収納。レイアウトが変えやすく、木材が中心のアトリエにもなじんでいます。

「机の上にものがあると気が散ってしまうので、仕事道具はワゴンに収納しています」。引き出しごとにラベルを使って、収納しているものがわかるように。

「植物が好きなので古道具屋で買ったトレーを使って植物台を作りました。作業をしながら緑が目に入るとリラックスできます」。理想はジャングルのように緑が生い茂ったアトリエ。

作業しやすく片付けやすくカスタマイズされたアトリエ

イラストレーターの佐有梨さんは、数年前まで東京で生活していました。この家に引っ越して環境も暮らしも変わりましたが、一番大きな変化は、作業環境。「こんなに広い空間をこの家賃で使えるなんてと最初は驚きました」と言う佐有梨さんのアトリエは、この家の中でもとくに日当たりのよい部屋。家具は、航平さんが佐有梨さんの作業内容と部屋の造りを考えて作ってくれました。

「大きな絵を描いたり、資料を広げたりしてもストレスがありません。私が、片付けが苦手なこともあって、収納はオープンなものを中心に、片付ける場所やしまいやすさも考えられていて、作業環境を整えやすくなりました」

また、チェアとワゴンにはキャスターが付いているので、作業中のちょっとした動きもスムーズ。佐有梨さんが作業に集中できるよう、細かな配慮がなされています。デスクや収納棚、植物台の高さは、この部屋の窓枠の位置にそろえるなど、すっきり見える工夫も。「基準を設定して、その基準にそろえるようにすると、見た目も使いやすさも向上します」

藤巻家の台所

広々とした台所は、動線や収納するものを考え、ほとんどの家具を自作。湿気や使いやすさを考えて、オープン収納が基本になっています。備え付けのシステムキッチンの収納棚は、あまり使っていないそうです。

上段右／暗い時間帯でも作業がしやすいよう、ワークライトを設置。
上段左／毎日使うコーヒーグッズを収納。近所においしいコーヒー屋さんを見つけ、豆はそこで購入するようになったそう。
左／ラブリコを突っ張り棒として使用。高さは佐有梨さんの背丈を考えて設置しました。フライパンは、用途やそれぞれの好みで使い分けているそうです。

藤巻家の台所

上／中心に作業スペースを置くことで、四辺が自由に使えるようになり、夫婦一緒に、友人を招いて複数人でも作業しやすいのが便利なところ。
右／作業台の下には、ゴミ箱や調理器具が置けるスペースもあり、機能性も完璧です。

食器棚には夫婦で持ち寄った器が並びます。器の多くは航平さんが昔から集めていたもの。佐有梨さんはフィンランドへの留学をきっかけに北欧のアイテムを好んで使っているそうです。

家にきた人が自然と一緒に料理してしまう台所

台所づくりは夫のプレゼンから始まりました。「長年温めていた計画があったので、それをまず説明して『いいね』をもらうところからでした」と照れ臭そうに話す航平さん。この家に引っ越す前の家も一軒家でしたが、シェアハウスとして住んでいたため、その頃はできなかったことをすべて実現させたのが今回の台所。

「インダストリアルっぽい雰囲気が好きなので、作業場のようなイメージを意識しています。まん中の作業台を中心にシンクにも食器棚にもアクセスしやすく、食事をする和室のダイニングにも行き来しやすいように考えました」

友人を家に招くことも多いという佐有梨さんは、自分自身が使うときはもちろん、家にきた人が台所に集まった際に設計の妙を感じるそう。

「家にきた人が、気づいたら横で食材を切ったり、お皿の準備をしたり、自然と一緒に料理をするようになっているんです。一緒に作ったものを和室や屋上で一緒に食べる。東京で生活していたときには想像もつかなかったような暮らしがここにはあって、今の生活のよさをそうした何気ない一瞬にしみじみと感じます」

藤巻家のDIY

納屋を改修してDIYのための空間に。最近では、自宅の家具以外にも知り合いから依頼を受けて製作することもあるそうです。仕事終わりや休日はここにこもって黙々と作業しています。

まずは手を動かしてみると できることが少しずつ増えていく

「夫に困って相談したときに、できないと言われることがまずないんです」。家具のDIYをはじめ、佐有梨さんの絵の展示のフレーム作り、衣類のほつれの補修まで、まずはやってみて、うまくいくこととかないことを経験しながら、できることを増やしていく。そのスピードがあまりにも早くて驚くことも多いそう。

「引っ越した直後も私がアトリエを片付けている間に、気づいたら次から次へと1階ができ上がっていてびっくりしました。納屋の工房も、夜にあかりがついているなと思ったら本格的な設備ができ上がっていました」

佐有梨さん自身も制作活動に携わる身として、ふたりでいる時間も、ひとりの時間も尊重しています。「それぞれやりたいことがあるので、やりたいことをやっている時間は気が済むまで自分の部屋で作業をしていることが多いです。休憩がてらおたがいの成果を見せ合ったりしています」

DIYをするうえでは、実際に作ったものを見てもらい、使ってもらうことが何よりも大事な過程だと話す航平さん。「途中まで作っていて

も、置く場所に対してサイズがしっくりこなかったり、使い勝手がよくなければ、一から作り直します。常に手を動かしながら、家や暮らしに合うものかどうか考えて作業しています」

上段／座って過ごすことの多い和室は、家具の高さを低めにそろえて。築50年の住まいになじむよう、木の色合いも意識して仕上げられています。

中段／航平さんが作ってみたかったと話すソファはふたりでくつろげるサイズのクッションと部屋になじむカバーがポイント。

下段／ちゃぶ台は、ダイニングテーブルと色合いをそろえて作りました。きれいなラウンドに仕上げるのが大変だったそう。

(My favorite item)

01 明治時計

02 ハモサのコンプトンランプ

03 ホビーワゴン

04 トヨトミストーブ＋燕三条のやかん

05 夫婦それぞれ思い入れのある器

06 アルテックのハイチェア

01／航平さんの父から譲り受けた古い壁掛け時計。厚みがあって大きいボディは存在感があり、広い和室のリビングによく合っています。ゼンマイ式で、手間もかかりますが、その分愛着も湧いています。

02／工場にあるような無骨な見た目に一目惚れ。デザインだけではなく明るさが調整できる点で機能性もお気に入り。

03／アトリエで使用。収納力抜群で、飲みものも上に置けるので資料や作品を汚す心配がなくなりました。

04／ギアミッションというアウトドアをイメージしたシリーズ。12畳の和室でもこれ一つあればすぐ温まります。上にやかんを置いた雰囲気が好き。

05／佐有梨さんのお気に入りは滋賀県に移住して活動されている陶芸家、小川文子さんの器。アクセサリーをきっかけに知り、独特な手仕事にひかれました。航平さんは、丹波焼の俊彦窯、清水俊彦さんの器が作り手の人柄含めて好きで長く使い続けているそう。

06／少し高めの作業台にフィットするいす。学生のときから憧れていたもので、ここに座って絵を描くとテンションが上がります。

(My routine)

\ 好きな過ごし方ができた日 /

07:00 ← 起床、琵琶湖周辺へ車を走らせる
朝の空気を味わいながらお気に入りのキャンプ道具を広げ、
のんびりデイキャンプ&ブランチ

12:00 ← 帰宅。それぞれの作業場へ
夫はDIYをし、妻は絵を描く

15:00 ← 屋上でコーヒーブレイクの後、
再び作業場へ

17:00 ← 料理&夕食

19:00 ← ソファでくつろぎながらふたりで
映画を観る

21:00 ← 入浴

22:00 ← 眠くなるまでそれぞれ作業場で過ごす

24:00 ← 就寝

(Profile)

暮らす人：佐有梨さん(画家、イラストレーター・Instagram：@atelierfujirooll)、
航平さん(会社員)
家：築50年の2階建て一軒家、5LDK・121㎡＋納屋9㎡

8

aya家・愛媛県・ひとり暮らし

大人のひとり暮らしを楽しむ人の家

3人の子どもが巣立ったタイミングで
はじまった人生初の1人暮らし。
空っぽになった部屋を眺めて感じた喪失感に
「これはどうにかしないと！」と思い立ち、
はじめた物件探しで出会ったのが
古さをほどよく残したリノベーションで
内装が自分好みのこの部屋でした。
家族との思い出が残るアイテムと、
ayaさん自身が好きな器や植物を迎えながら、
どこを切り取っても好きだと思える
部屋ができました。

新しい家は、日当たりがとてもよくなり、観葉植物が楽しめるようになりました。帰省した子どもたちからも「めっちゃ落ち着く」と好評。自己満足だけでなく、帰省する子どもたちや遊びにきてくれる友人たちも居心地よく感じてもらえるよう部屋作りを考えています。

aya家のリビング

せっかくの広い空間なので、仕切りの襖を取り払って、プチぜいたくな気分を味わっています。古道具を中心に色合いも統一感が出るよう意識されているそう。

日々の気分が上がるよう お気に入りがいつも目に入る配置に

引っ越して中心街から少し離れた物件にしたことで、以前より広くなった住まい。各部屋の仕切りを外し、広々したワンルームのように使っています。「子どもたちが巣立った後の家でひとり暮らしをするのは喪失感が大きすぎて、これはどうにかせんと！と今の家へ。前は、一部屋ずつ区切られた間取りだったので、ここでは開放感を満喫できるようにしました」

古いものをベースに、リサイクルショップやネットオークションなどで集めた家具や雑貨は、そのレイアウトを大切にしています。「どこを見ても好きなものが目に入るように配置しています。お気に入りが見えると気分も上がります」。目で見たものが気分に影響するからこそ、マイルールを持って空間を整えられているそう。

「いつもきれいに片付けることはズボラな性格上難しいのですが(笑)、朝起きたときや仕事から帰ったときはホッとできるように、簡単なことから習慣づけるようにしています。テーブルの上はきれいになっているか、床に直接ものを置いていないかは寝る前や出勤前に確認するよう心がけています」

上／家具の跡が気になっていたクッションフロアは、好みのシートを上から貼って対策しました。
下／使い勝手のよいりんご箱は、雑誌サイズも入る本棚として活躍してくれています。

リビングに置かれたデスクは子どもが小学校に入学するときに購入したもの。佇まいがよく、今はayaさんが引き継いでいます。

向かって右の飾り棚はリサイクルショップで見つけた掘り出し物。コーヒー関連のものを置いています。左の食器棚はヤフオクで購入した古道具。白いペイントと波形のガラスが入った引き戸がお気に入り。

aya家の台所

台所は、前の家で子どもたちと作った収納などを引き続き使いつつ、足りない部分はDIYも施しました。ここでのお弁当作りと娘さんへの生存報告も兼ねたInstagramへの投稿がayaさんの日課です。

aya家の台所

ガスコンロはRinnaiのVamo.(バーモ)を使用。オールステンレス製で、シンプルだけど存在感があるのでお気に入り。ガスコンロまわりには油はね対策に壁紙屋本舗で購入したタイルシートを貼っています。

備え付けの収納棚は、容器や調味料入れに。まとめて取り出しやすいトレイも活用しています。

左／シンクと対面の壁には、りんご箱を使った食器入れを。壁との間には、前の住まいでお子さんと一緒に色を塗ったすのこを挟み、壁面収納にしています。
左奥上／りんご箱の食器入れは、キッチンカウンターのような役割も。コーヒーをいれるなど、ちょっとした作業もできます。
左奥／りんご箱の中は吊り下げ用のラックを使い、スペースを仕切って取り出しやすく。毎日使うお弁当箱の一部はここに収納。

使いやすさを大切にして気になるところはＤＩＹ

毎朝の日課であるお弁当作りは、ａｙａさんが使いやすさを考え工夫を凝らした台所で行われています。大きな窓があり明るい空間であるものの、築50年近い集合住宅は不便なところもいくつかあり、気になるところはＤＩＹ。

「まず気になったのが、建物の構造上、リノベーションも難しかったであろうコンクリート壁。特にコンロまわりは、油汚れを掃除しようとすると塗装まで剥がれてしまいそうですぐに対策をしました」。同様に収納も備え付けでは限りがあり、特にお気に入りの道具が多いａｙａさんにとっては死活問題。「シンク側は突っ張り棒を使って吊るす収納を増設、給湯器や冷蔵庫にはマグネットアイテムで引っかけています」

以前の家で子どもたちと一緒に作った収納なども引き続き使いながら、目で見て直感的に使える台所をめざしています。

「娘からはものが多すぎると言われますが、心ときめくものはたくさん出てくるし、好きなものはやっぱり使いたい。台所はもの選びから収納まで終わりはなく、常に使いたくなる空間を考えていきたいです」

(My favorite item)

01 ちゃぶ台

02 飛騨家具のダイニングテーブル

03 古引き出し

04 波佐見焼きの器

05 長谷園の藍花のかまどさん

01 ／家具の里というネットショップで購入。お店が近くに多くないため、webに載っている写真を注意深く確認しながら決めています。
02 ／ヤフオクで購入。重厚感のある佇まいにひかれました。
03 ／取っ手が花形だったり、くるみボタンだったりとかわいい。引き出しが浅いので薬や湿布などちょっとしたものを入れています。
04 ／色合いやサイズ感がよく、電子レンジでも使えるので機能性も高く、気に入っています。
05 ／子どもが巣立ち、お米を一度に炊く量が減ったので、炊飯器からこちらを使うようになりました。使い方も簡単でおいしく炊き上がります。

(My routine)

＼ 好きな過ごし方ができた日 ／

ゆっくりめに起床し、
部屋に光を入れる
←
コーヒー豆をひいて朝食の準備
←
テレビを見ながらのんびり朝食
←
部屋の掃除
←
花と野菜を買いに産直へ
←
帰宅したら花を飾り、
野菜は洗って保存
←
適当に昼食
←
午後はダラダラ過ごしたり、
平日の食事の作り置きを作ったり
←
お酒やおつまみをいただきながら
テレビ・動画鑑賞
←
夜が更けてゆく…

(Profile)

暮らす人：ayaさん（会社員、Instagram：@aya_aya1128）
家：築49年のマンション、3LDK・73㎡

この家で家族の一員となった黒柴のてんちゃん。小さい頃は家具を齧ってしまい、木製の古道具のうち、高さの低いものはボロボロに。てんちゃんが成長した今はまた、少しずつ買いかえながら、インテリアを楽しんでいます。

4

三浦家・北海道・3人と1頭暮らし
こだわりを大切にする人の家

生まれも育ちも札幌の三浦さんが、
昔からの夢だった一戸建ての住まい。
新築を建てるにはコストがかかりすぎてしまうため、
古くてもリノベーション可能な一戸建てを探し、
偶然にも見つけたのがこの家でした。
古さが気になるところは変えながら、
特徴的な意匠はそのままに、
自身の使いたいものや色合いは妥協せず
足していくことで、家主は変わったものの
こだわりを大切に引き継いだ家になりました。

三浦家の台所

何よりも好きな空間だと話す台所。明るい窓はそのままに、内装も使う道具も三浦さんのこだわりを惜しみなく詰め込みました。住みはじめて3年経った今も新築のようにきれいな空間を保っています。

Deluxe
Cakes
COOK
BOOK
10:21

三浦家の台所

上／台所のシンクまわりのブルーのタイル、カウンターまでとダイニングまでの色合いが異なるブルーのクロスはどれも三浦さんが取り入れたかったもの。青が好きで、絶対に好きな色にしたいと決めていたそう。
右／自分好みの空間にできたからこそ、ここで料理をする時間がお気に入り。暮らしの写真を撮るのもこの台所がほとんど。

自分の「好き」を信じてこだわり抜いた台所

好みの空間を作りたいとはじめたリノベーションの中で、三浦さんが最もこだわったのが台所。この場所にいることが好きになるよう、好きな色合いを大切にしました。

「せっかくのリノベーションだからこそ、自分の理想を叶えたいと、まずは施工会社にイメージを伝えるところから始めたのですが、どれも最初は反対されるものばかりでした」

使いたかったタイルは掃除が大変になること、また使うとしてももっと落ち着いた色合いにしたほうがよいと言われたものの、どうしてもネイビーのタイルが使いたくて、自分の家なのだからと押し切って実現。タイル以外もスペースごとに青のクロスは色合いを変えたいと、費用や見栄えへの意見は聞きつつも決行しました。

「色を変えた場所には元々窓がありました。この物件は窓が多かったのですが、もっと壁を増やして装飾を楽しみたいという思いがあって窓を塞ぎました。クロスのサンプルも小さくて、本心では不安もありましたが、結果としては3年経ってもまだお気に入りだと言えるほど満足しています。施工会社さんにたくさんわがままを

キッチンカウンターとして使っているのは、北海道雨竜町にある古い学校跡を使って営業しているアンティークショップでひと目ぼれした食器棚。天板は、古い学校の廊下の廃材が使われているそうです。中には照明をつけて、暗くなった時間帯でも使いやすくしています。

聞いてもらって理想を叶えることができました」

　壁だけでなく、キッチン設備もこだわりの一つ。料理が好きな三浦さんはシステムキッチンではなく、どうしても業務用のステンレスキッチンを入れたかったそうです。

「使いやすさはもちろん、下段も扉がなくすべてオープンなので、きれいな空間を保とうと意識するようになりました。寝る前にはきっちり片付けてピカピカの状態で気持ちよく次の日が迎えられるようにしています」

三浦家の暮らし

リビングには夫婦そろって好きなヴィンテージ雑貨や本がオープンに収納されています。愛犬のてんちゃんのケージは寝室のドアの横に。

上／古い家ならではの大きな窓はそのままにしたので、休日のお昼は日当たりもよく、明るいリビングでお茶をしたり雑誌を読む時間が楽しい時間に。
左／前の家主のこだわりが見える飾り模様の靴箱は、そのまま使っています。

上／塗装で古道具感を出した本棚。夫が塗ってくれました。
下／使ったら片付ける、きれいにするは家族みんなのルール。日々の掃除の様子が住まいにも表れています。

家も暮らしも無理せず みんなができる範囲で

家作りから暮らしまで、大切にしているのは、無理をしないこと。リノベーションをするからといってすべてを新しくするのではなく、昔の家に多い構造のよさも生かしたそうです。

「たとえば、この家は窓が多いのですが、一部分を除き、そのままにしました。寒さが気になるところは対策をとりましたが、窓を残したことで冬場の日中は暖かく、夏場も窓をあければたくさんの風が抜けるようになりました」

玄関やリビングの天井の意匠もそのままに。無理して変えるよりも、古いもののよさを生かすほうを選びました。

そして暮らしの中でも、無理をしない。子どもたちが大きくなり、夫婦が働く時間も異なっているため、理想の暮らしには家族の協力が不可欠です。

「片付けや家事ばかりに時間を取られることのないように、自分が納得できる範囲でやれたらいいと思っています。使ったら片付ける、きれいにするなど、家族にもやれることを少しずつ持ち寄ってもらい、一緒に過ごす時間を大切にしたいです」

(My favorite item)

01 食器棚

02 職場でも使っている給食缶

03 照明

04 地元の蚤の市で買った器

05 DIYした洗面台鏡

01／おもに小さな器をしまう食器棚として使っています。カウンターとは異なる木の色合いがお気に入りです。
02／保育園調理師として働く三浦さんにとってなじみのアイテム。中には使用頻度の低いキッチンアイテムを収納。
03／台所、ダイニング、リビングの照明はすべてデザインも購入した場所もバラバラ。たくさん情報収集した中で好きなテイストのものを使っています。
04／札幌の蚤の市で購入しました。日本のものらしいのですが、青の色合いと独特なデザインが気に入っています。
05／アンティークの木枠に、鏡をはめ込んだものです。でき栄えがよく、洗面所の雰囲気がとてもよくなりました。

(My routine)

休日の過ごし方

起床
↓
犬とお散歩
↓
遅めの朝食
↓
外出
骨董市や
アンティークショップ、
本屋などへ
↓
台所で夕食や作り置きの準備
↓
夕食

(Profile)

暮らす人：絵美さん（保育園調理師、Instagram：@kero.kero5311）、夫、子ども2人
家：築38年の2階建て一軒家、3LDK・148.53㎡

料理にハマっている夫が週末の料理当番。YouTubeなどを見ながら、こだわりの料理を振る舞ってくれるそう。そのためお気に入りの調理道具はいつでもわかりやすい場所に。使用頻度と取り出しやすさで配置しています。

10

三倉家・東京都・5人と1匹暮らし
変化を楽しむ人の家

ふだんあまり主張しない夫の「郊外の戸建てに住みたい」
というたっての願いで住みはじめたこの家。
築24年の物件の気になるところを施工してもらったものの
理想の住まい作りは一度では叶わず、
10年ほど前に再びフルリノベーションを行いました。
さらに子どもの成長に合わせて手を入れ
今の住まいができ上がりました。
そしてこれからまた訪れる暮らしの転換期に向けて
夫婦のためのインテリア探しもはじまっています。

三倉家の台所
tanico
Panasonic

右／入居の際にシステムキッチンを入れ、住みながら変えていこうと考えていましたが、水回りに限界を感じ、その後のフルリノベーションで業務用キッチンに総入れ替えしました。
上／フルリノベーション前はアメリカンヴィンテージが好きだったこともあり、収納の上の段にはまだその名残が残っています。

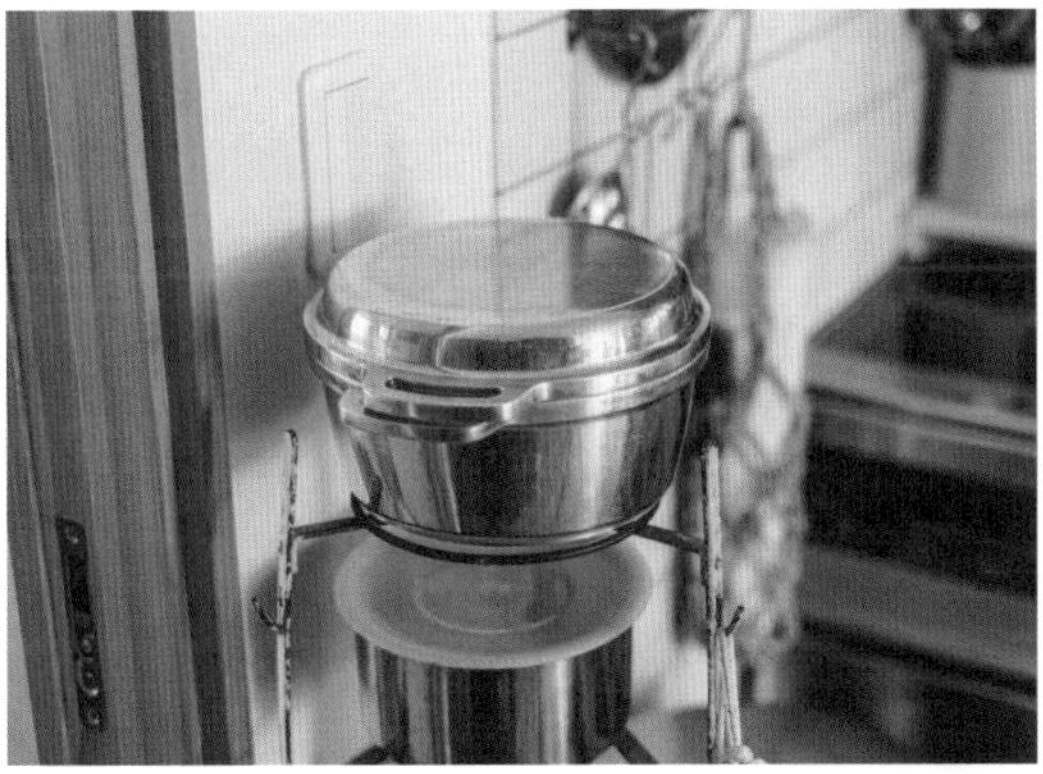

鍋の収納に使っているのは元々、庭などで花を飾るためのガーデンラックだった古道具。夫が段ごとに異なる金具を取り付けてくれたので安定感のある収納になりました。使用頻度が高いため、使う場所の近くに設置しています。

三倉家の台所

収納は使用頻度やものの高さに合わせて、置く位置を決めていきます。最初は地震で落ちたりしないか心配だったものの、使ってみるとしっかりとした作りで問題なかったそう。

使い勝手と家族の暮らしを受けて変化してきた台所。

「家作りって2回、3回経験することで満足がいくものになるという話をよく聞いていましたが、まさにその通りだと実感しましたね」

　現在の台所に至るまで、自分たちで行ったものも含めると大きな変化は3回。入居時にシステムキッチンを導入し、2度目のフルリノベーションで業務用キッチンへ変更、三倉さんがやってみたかったと話すオープン収納は、その後の家族の暮らしの変化から生まれたものです。

「2度目のリノベーションを行ってしばらく経った頃、娘が自分の部屋が欲しいと言うようになり、元々パントリーとして使っていたキッチン裏の空間をなくすプチリノベーションを行いました。その際に、前からやってみたかった見せる収納をお願いしました」

　最近は、子どもも成長し、台所道具への考え方にも変化が生まれているそうです。

「子どもが家を出ると使う器なども少なくなるため、所有するものの数も考えるようになりました。見えなくすると使わなくなるため、器は収納棚に置ける分だけ。新しく購入したら、いったん優先度が下がったものを棚から下げて、

収納棚は、収納するものを想定して段の高さを決めました。器の取り出しやすさはもちろん、炊飯器は、ふたを開ける際の余裕も持たせています。

しばらく経っても使い方が見出せなかったら処分しています。購入するタイミングも、使っているものが欠けたり、使えなくなったりしたときだけにしています」

ユニットシェルフの下段に設けた古道具の棚には、使用頻度の低い調理器具などを収納。「私は見えているものしか使わないのですが、夫は見えていないものも使える人なので、夫の調理器具はこの引き出しに入れています」

三倉家の暮らし

リビング奥、窓際のスペースを使った収納棚をパントリーのように使っています。人見知りの猫がいるので、トイレも視界に入りづらいこの位置に。

家族全員が同じタイミングで食事することが少なくなったのでふだんのダイニングテーブルはこんな感じ。ここでよく使うものはそのままテーブルに置かず木箱に収納しているので、広く使いたいとき木箱ごと移動できて便利です。

上／ちょっとしたときに使い勝手のよい端切れは、駄菓子屋さんで使われていたような透明の容器に入れて収納。
下／かごには、同じジャンルのものをまとめて収納。ものの移動や掃除もしやすくなります。

ライフスタイルの転換期に これからの暮らし方を考える

3人の子どもが社会人、大学生、高校生となり、家を離れる日も近くなってきた中で、三倉家の暮らしにも家にも少しずつ変化が訪れています。「子育てに合わせて購入したもの、購入できなかったものを考えながら、自分自身が元気でインテリアを楽しめるうちに住まいにも手を加えていきたいです」

ダイニングテーブルは、家族5人で食事できるよう広めのものを購入。いすもそれぞれ選びましたが、今では必要な分だけに。一方で子育てのタイミングで諦めたソファは、今後に向けて取り入れたいものの一つ。「最近、姉との関西旅行に合わせて、気になるソファを見に行きました。実際に座ってみるとやっぱりよくて、家に置くことを今、検討しています」

これまでも柔軟に変化してきた家だからこそ、必要なものの数も見直しながら、今後の変化もうまく楽しんでいきたいと話す三倉さん。「共有スペースはもちろん、個人的には子ども部屋があくことによって自分の部屋が持てると、狙っています」。これからは好きな道具やインテリアをより楽しめる部屋作りが始まりそうです。

(My favorite item)

01 地元を離れて好きになった砥部焼

02 レンジでも使える作家さんの器

03 銅の薬缶

04 箸置き、豆皿

05 おひつ

01／昔から家の中で使われていたなじみのある器。小さいときはあることが当たり前で、東京にきてからそのよさに気づき、帰省のたびに購入。数もだいぶ増えました。

02／群馬県の富岡でかんべまりさんが作られている「en goro earthenware.」。素朴でやさしい質感と電子レンジOKの機能性の高さがお気に入りです。

03／IHでは使えないけど、ラジエーターや冬場のストーブの上で使用。注ぎ口の形状がよくて使いやすいです。

04／各地で見つけたお気に入りたち。どれもかわいくて、日々の生活でたくさん使うというよりは、見て楽しめるコレクションになっています。

05／東家で購入。樹齢百年をこえる木曽のさわらで作られたもの。子どもが学校やバイトなどで食事の時間帯がずれるので導入。時間が経ってもおいしいごはんが食べられるようになりました。

(My routine)

\ ふだんの過ごし方 /

6時 起床、弁当・朝食作り
洗濯・掃除・家事諸々を
済ませる
↓
9時 仕事
↓
15時 帰宅後、おやつを食べて
夕ごはんの買い出し
↓
17時 夕ごはんのしたく
↓
18時 風呂
↓
18時半 夕ごはん
その後 Netflix などで
動画を観たり
次の日の弁当の
仕込みや作り置きをしたり
↓
24時 就寝

(Profile)

暮らす人：佐和さん（主婦）、夫、子ども3人
家：築50年の2階建て一軒家、5LDK・121㎡

11

大竹家・山形県・ふたり暮らし
古道具を使いこなす人の家

古いものが好きで憧れがあった団地暮らし。
大竹さんが人生で一度くらいは住んでみたいと
探して見つかったのがこの部屋。
リノベーションされた空間の中で心ひかれたのは
むしろリノベーション前の面影が残っていたところ。
新しすぎず、古すぎない空間に古いものもなじませて
理想の暮らしを送るのにぴったりの家になりました。

引っ越してよかったと思えるポイントの一つが日当たりのよさ。薄手のカーテンで明るさを全面に感じながら、家族から引き継いだ思い入れのあるロッキングチェアに揺られると、心が落ち着きます。

Casa

大竹家のワークスペース

襖を外して、押し入れをデスクとして使っています。押し入れの中の木の色合いに、古道具や民芸品といった大竹さんのお気に入りのアイテムの雰囲気が合っています。

ワークスペースと見せる収納を叶える押し入れデスク

憧れだった団地に住まいを決めたとき、やってみたかったのが押し入れデスク。

「見せる収納で、なおかつ作業ができるのが魅力です。部屋に収納がないので、押し入れとしての役割もしっかり果たすよう、下半分は収納をメインにしています」

季節家電や夫婦そろって好きだと言う本がトタンボックスやお茶箱を使って収納されています。「上半分は古道具の棚を置き、書類など基本的にすぐに使いたいものを入れています。奥行きがあることを生かせるよう収納道具も使いながら、作業スペースが広く確保できるよう整えています」

押し入れデスクで使われている古道具は、実家から持ってきたものと県内のお店で購入したものでそろえられています。「小さな頃から古いものがいつも暮らしのそばにあって、大人になるにつれ、それが自分の好きなものなんだと理解していきました。行きつけのお店がいくつかあって、好きなものを見つけたときは部屋のどこに置くかまでは考えていないことが多いですが、古道具であれば、これまで集めてきたもの

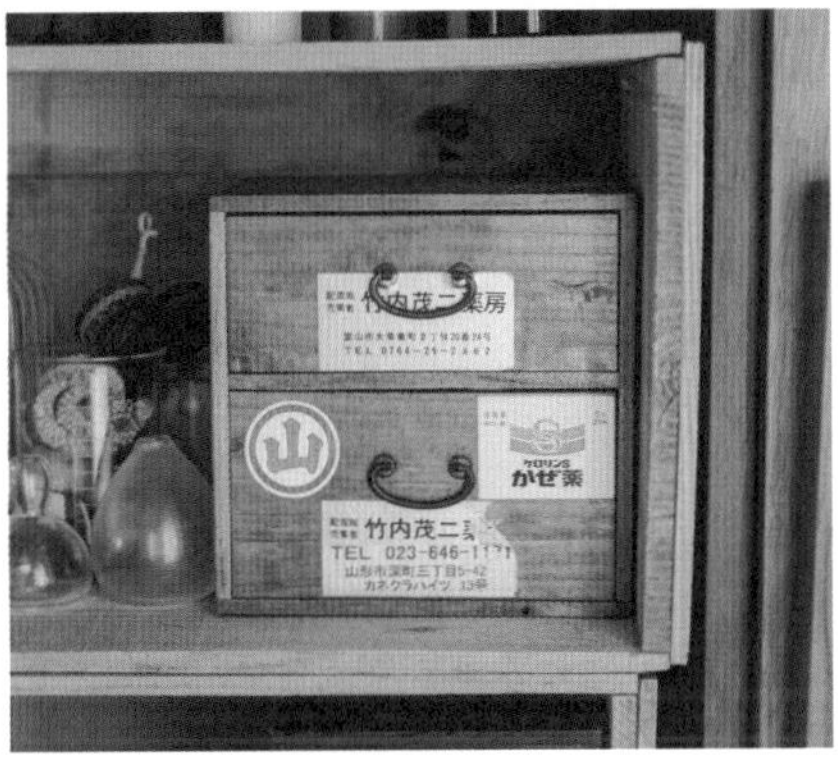

右上／木枠のアートフレームを使ってドライフラワーをディスプレイ。
右／実家で昔使われていた薬箱を、デスク収納の一つとして使用。貼られたステッカーがより味わい深く。
左上／東北の民芸品、こけしと「お鷹ぽっぽ」も昔から暮らしのそばにあったもの。押し入れデスクの脇を固めています。
上／お店で見つけて驚いたという巨大な猿の腰掛け。家での置き場を考える前に、これは家に迎えなきゃと思ったのだそう。

と相性がよく、自然と部屋全体の統一感も出るようです」

作業スペースにはなるべくものを置かないように。暗くなっても使いやすいようにデスクランプを設置。

大竹家の道具

ダイニングテーブルはDIY。「前に使っていたものが小さくて、簡易的に作ったのですが意外としっくりきて、そのまま使い続けています(笑)」

大竹家の道具

右上／窓辺にお気に入りのアイロン台を置いて、観葉植物スペースにしています。日当たりもいい部屋なので、手間暇をかけずともどんどん育ってくれる植物たちに癒やされています。天気のいい日にはベランダに出して思いっきり水やりをし、日光浴をさせています。
左上／雑貨は買って帰ってから置き場所を考えるという大竹さん。ちょっとしたスペースをうまく生かしてディスプレイをするのが楽しい。
上／襖を外して広々とした一室に。鴨居にはめ込まれていた磨りガラスは、大竹さんにとって古いもののよさを感じるポイント。

右／食器棚は、元々ガラス戸が付いていたものの、立て付けが悪く開け閉めが不便だったため扉を外して取り出しやすい収納に。
左下／食器棚の底の棚がなかったため、木箱で収納を追加。出し入れしやすいようにキャスターを付けて。
右下／パタパタ扉の棚は、食料品入れに。取り出しやすいようボックスを使って分類しています。

古道具はそれまでの使い方にとらわれず暮らしに合わせて使い方を考えてみる

古道具を部屋のいたるところで使っている大竹さんの住まい。購入時に使い方を決めず、暮らしに合わせて柔軟に取り入れています。

「購入する際には、ものそのものが好きかを大切にしていますが、家に持ち帰った後は、そのものの用途が違っても、自分の暮らしに合った使い方を模索することが多いです。新しい使い方を発見できたときはうれしい気持ちになります。また、中古品は傷や汚れのあるものも多いですが、よいものであればそこで諦めず、手入れすることでよい状態になるかどうか考えます」

収納グッズを買うことはあまりなく、かごや箱など汎用性が高いもので代用できないか考えるそうです。「箱の中でも特にりんご箱は、丈夫でいくつあっても足りないくらいです。重ねて本棚にしたり、押し入れデスクの仕分けにも重宝しています。汚れや傷など一つひとつの個体差があるところも個人的には気に入っています。古道具はいろいろな可能性を秘めていると思うので、これからもその時々の暮らしに合わせ、使い方をアップデートしていけるよう、アイデアを膨らませていきたいと思います」

(My favorite item)

01 実家から譲り受けたロッキングチェア

02 夫婦で使い分けている動物柄の茶碗

03 鴨の置物

04 丸椅子

05 アンティークの照明

01／実家の小屋で見つけました。当初はほこりまみれでしたが、手入れをするととてもきれいな状態で驚きました。元々は大竹さんのお父さんが学生時代にお小遣いを貯めて購入したもので、子育てと同時にしまい込むまで長い間愛用していたそうです。

02／地元の器屋さんで購入。柄は鳥のキーウィとクジラ。動物モチーフのものが好きでインテリアにも多く取り入れています。

03／家にある動物シリーズの中でも特に気に入っているものです。蚤の市で購入したのですが、手描きのリアルさと素朴な佇まいが魅力的。

04／どちらも古道具屋で購入。八の字脚の丸いすはフォルムと古さゆえのツヤがきれいに出ているところがお気に入り。ストレートな脚の丸いすははじめて買った古道具で、かなり思い入れのあるもの。座面が広く座りやすいです。

05／照明はすべてヤフオクで購入。前の家はシーリングライトで変えられなかったので、好きな照明が使えるのはうれしかったです。

(My routine)

＼ 好きな過ごし方ができた日 ／

7時
起床、カーテンを開け天気の確認。身じたくを整え、車を走らせ近くの温泉で朝風呂。帰りに産直へ行き、買い物を済ませます

↓

11時
遅めの朝食兼昼食。食べ終わった後は掃除、洗濯、植物の世話など家のことをします

↓

14時
娯楽の時間。その日によって変動しますが、買い物に出かけたり、散歩に行ったり、映画や読書を楽しんだり。眠くなったら軽く昼寝もします

↓

18時
夕食のしたく。なるべく夫が帰ってくる時間に合わせてごはんができるようにしたくをします。ひとりのときは簡単に済ますことも多々あります

↓

22時
お風呂に浸かり、ゆっくりのんびりしてから就寝。映画や読書に没頭して、夜更かししてしまうこともあります

(Profile)

暮らす人：春香さん（会社員、Instagram：@__________.halo）、夫
家：築38年のマンション、3LDK・53㎡

Tsubottle／大坪侑史

福岡県出身。ポートランドで活動を始め、
「お部屋の写真家」として全国各地のお部屋を撮影してまわる。
1日1話、お部屋の物語を投稿している
インスタグラム（@tsubottlee）のフォロワーは現在10万人。

暮らし上手の家探訪
2023年8月1日 初版第1刷発行

著　者　Tsubottle（つぼとる）/ 大坪　侑史

発行人　山口康夫
発　行　株式会社エムディエヌコーポレーション
〒101-0051　東京都千代田区神田神保町一丁目105番地
https://books.MdN.co.jp/
発　売　株式会社インプレス
〒101-0051　東京都千代田区神田神保町一丁目105番地
印刷・製本　シナノ書籍印刷株式会社

Printed in Japan

【カスタマーセンター】
造本には万全を期しておりますが、万一、落丁・乱丁などがございましたら、送料小社負担にてお取り替えいたします。お手数ですが、カスタマーセンターまでご返送ください。

◎落丁・乱丁本などのご返送先
〒101-0051　東京都千代田区神田神保町一丁目105番地
株式会社エムディエヌコーポレーション カスタマーセンター
TEL：03-4334-2915

◎内容に関するお問い合わせ先
info@MdN.co.jp

◎書店・販売店のご注文受付
株式会社インプレス　受注センター
TEL：048-449-8040／FAX：048-449-8041

ISBN978-4-295-20523-4
C0077